モーセ
（サン・ピエトロ・イン・ヴィンコリ聖堂）

# 古代イスラエルの預言者たち

●人と思想

木田献一 著

153

CenturyBooks 清水書院

# まえがき

ヨーロッパの精神史の源には、古代イスラエルの宗教とギリシアの哲学がある。この二つの流れが合流してキリスト教になった。西アジア文化の背後には、ゾロアスター教とイスラム教がある。いずれも預言者的な宗教であり、預言者的な宗教として一番古いのがモーセに始まる古代イスラエルの宗教である。したがって、人類文化のほとんど半分の流れの背後に、古代イスラエルの預言者たちの精神的伝統が流れていると言ってよい。

他の半分の源には、南アジア一帯に広がるヒンドゥー教、そこから出てさらにアジアの各地に広まった仏教、中国から出た儒教と道教などが重要な精神的文化を形成した。現代の狭まった世界の中で、現実の問題を少しでも深く捉えようと思うならば、これらの諸宗教が成立し、展開してきた跡をたどり、その意味を考え直してみなければならない。

古代イスラエルの預言者たちのことを考える場合も、広い視野と深い掘り下げが必要とされる。そして、そこで得られた認識の意味を現代に問い直さなければならない。

現代世界において、キリスト教的文化の衰退はめだっていると言ってよい。欧米の聖書学も、あまりに専門化すると同時に、現代に対するインパクトを失っているというのが偽りのない現実である。二十世紀の終わりを迎えて、世界には終末的・黙示的世界観が横行し、その前途は暗く閉ざされて、脱出の希望は失われているかのごとくである。

戦後五十数年、敗戦時に十五歳の少年だった著者は、廃墟の中から立ち上がるために、あまりにも迂遠な道と人には思われたかもしれないが、『旧約聖書』の研究をはじめて今日に至った。研究の動機としては、やはり戦争中におけるキリスト教の挫折を克服する道を見いだしたいという願いがあったことは否定できない。

以来、ほぼ半世紀を経て、『古代イスラエルの預言者たち』という書を執筆するにあたって、単にこれまでの研究を平易にまとめてみるという気持ちにはなれなかった。もう一度『旧約聖書』の中に残されている預言者たちの言葉と生涯を学び直し、そこから再びわれわれ自身の生きる力となりうる精神を捉え直すことができるかどうかを課題として聖書を読み直してみようとした。

その間において当然これまでに学恩を受けた多くの先達の研究を想起し、また新しい研究に学ぶことも努めたつもりである。その結果については読者の判断にゆだねるほかはないであろう。

この書の執筆については、数年前から立教大学の教授として先輩であった野呂芳男氏から、清水書院へのご紹介とお勧めがあった。刊行までには予想以上の時が経過してしまい、編集に当たられた方々には大変ご迷惑をおかけしてしまった。お詫びとともに、忍耐強く執筆を励ましてくださった清水幸雄氏と、実務を担当された村山公章氏に深く感謝する次第である。

一九九九年三月一日

木田献一

# 目次

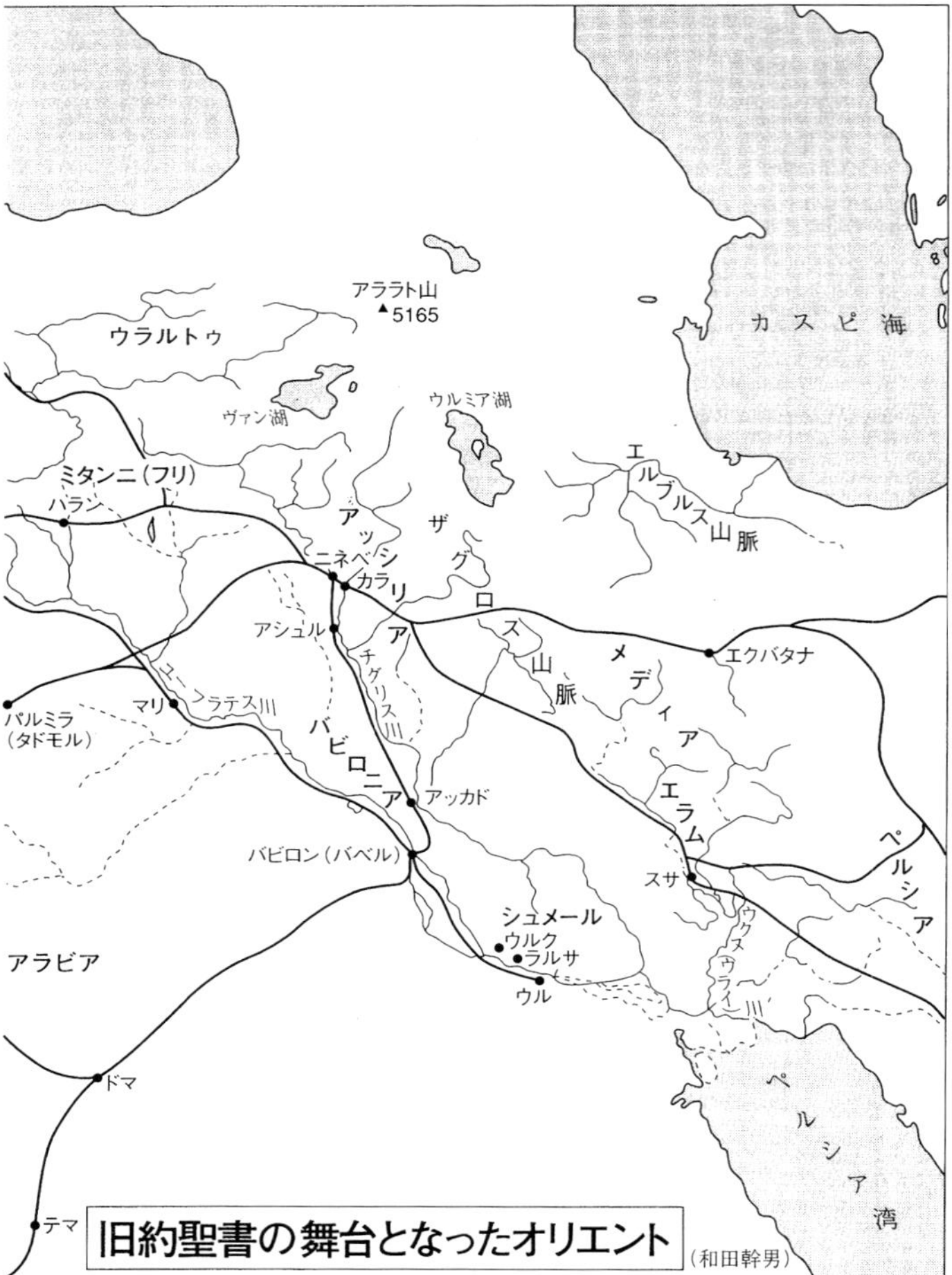

旧約聖書の舞台となったオリエント
（和田幹男）

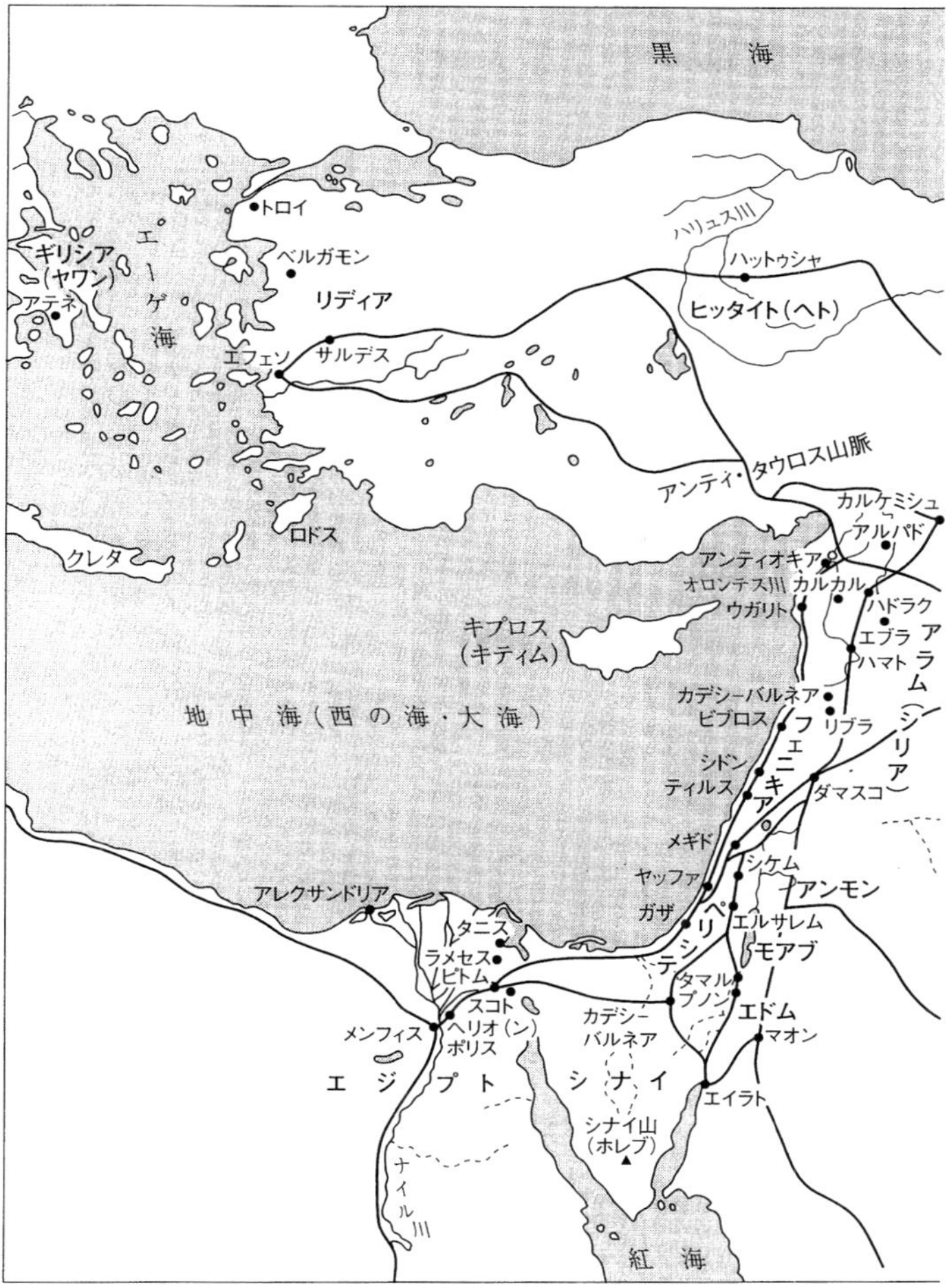
黒海
ハリュス川
トロイ
ペルガモン
ギリシア
(ヤワン)
エーゲ海
アテネ
リディア
ハットゥシャ
ヒッタイト(ヘト)
エフェソ
サルデス
アンティ・タウロス山脈
カルケミシュ
アルパド
ロドス
クレタ
アンティオキア
オロンテス川
カルカル
ハドラク
ウガリト
エブラ
ハマト
キプロス
(キティム)
アラム
(シリア)
カデシ－バルネア
ビブロス
リブラ
地中海(西の海・大海)
フェニキア
シドン
ティルス
ダマスコ
メギド
シケム
ヤッファ
アンモン
ガザ
アレクサンドリア
ペリシテ
エルサレム
タニス
モアブ
ラメセス
ピトム
タマル
プノン
スコト
エドム
カデシ－
バルネア
メンフィス
ヘリオ(ン)
ポリス
マオン
エジプト
シナイ
エイラト
シナイ山
(ホレブ)
ナイル川
紅海

## 旧約時代のパレスチナ

西の海（大海）
シドン
フェニキア地方
サレプタ
レオンテス川
ティルス
ヘルモン山
2814
ダマスコ
アラム（シリア）
ダン（ライシュ）
ガリラヤ山地
バシャン地方
ハツォル
アコ
キション川
カルメル山
546
ガリラヤ湖
カルナイム
イズレエル平野
タボル山
583
アフェク
ヤルムク川
ドル
メギド
シュネム
イズレエル
ギレアド地方
シャロンの野
ギルボア山
ラモト-ギレアド
イスラエル
ベト-シェアン
ヤベシュ
ティルツア
ティシュベ
サマリア
エバル山
940
シケム
ゲリジム山
ヨルダン川
ペヌエル
スコト
ヤボク川
マハナイム
アフェク
シロ
ヤッファ
アンモン地方
ベテル
アイ
ミツパ
ミクマス
ギルガル？
ラバ
ゲゼル
アヤロン
ラマ
ゲバ
エリコ
ティムナ
キルヤト-エアリム
ギブア
ヘシュボン
アシュドド
ギブオン
エルサレム
エグロン
ペリシテ地方
アシュケロン
ベト-シェメシュ
ベツレヘム
塩の海（死海）
メデバ
ガト
マレシャ
ユダ
テコア
ガザ
ラキシュ
ヘブロン
ディボン
アドライム
エン-ゲディ
アロエル
ゲラル
エグロン
アルノン川
ツィクラグ
モアブ地方
ラフィア
アラド
ベエル-シェバ
ネゲブ地方
ゼレド川
エドム地方
◉ 主要都市
○ 村，町
（和田幹男）

# I

# 『旧約聖書』とは何か

# 一　古代イスラエル民族

**モーセによるエジプト脱出**　古代イスラエルの預言者たちについて述べるのに先立って、まず『旧約聖書』について簡単に紹介しておく必要があるだろう。

『旧約聖書』の主要部分は、古代イスラエル民族が残した宗教的文学であると言ってよい。古代イスラエル民族とは何かと言えば、紀元前一三〇〇年前後に預言者モーセが、ヤハウェという名の神の啓示に接して、当時エジプト帝国に抑圧されていた、いわゆるヘブル人を始めとする外来民族の集団を結集してエジプトから脱出させ、シナイ山（別名ホレブ）で、ヤハウェとの契約に入らせることによって、民族として出発するに至った集団と言えよう。

エジプト脱出の諸集団の中心となった「ヘブル人」とは、もともと「渡ってきた人」という意味だが、彼らは当時のオリエント世界において、帝国や都市の支配体制下では一定の地位を公認されておらず、流動的な生活をしている人々だった。

モーセが神ヤハウェの顕現に接し、エジプトの王ファラオのもとに遣わされ、神の意思を告げるように命じられた内容は、「ヘブライ人の神、主がわたしたちに出現されました。どうか今、三日の道のりを荒れ野に行かせて、わたしたちの神、主に犠牲をささげさせてください」(「出エジプト記」三・一八)ということであった。『新共同訳聖書』の訳文では、ギリシア風の表記にしたがって「ヘブライ」とされている。また、神名ヤハウェは、古代イスラエル民族が、一度新バビロン帝国に滅ぼされた後に、ペルシア時代になってユダヤ教団として再生した頃から、畏敬の念のゆえに本来の固有名詞としては発音されなくなり、その代わりに「主」を意味するヘブル語「アドナイ」と読まれるようになった。そのため、多くの聖書翻訳では、ヤハウェの名を「主」と訳出しているのである。

モーセによるエジプト脱出は、現在のところ、エジプト第十九王朝のラメセス二世(前一二九〇—前一二二四)の初期、北シリアのカデシでヒッタイト帝国とエジプト帝国が対決(前一二八六年)してからまもない頃に行われたと考えられている(前一二八〇年頃)。

## 民族史の時代区分

エジプト脱出によって成立したイスラエル民族は、前一二二〇年頃から現在パレスチナとよばれる地域にだんだんと定着していった。当初これらのグループは、ヤハウェの聖所を中心に諸部族の連合体を形成しており、イスラエルとは、もともとこの連合の名であったという説が有力である。「イスラエル」とは、「神(エール)が支配する」という意味であろう。この連合体は、イスラエル民族がヨルダン西岸に侵入したのと同じ頃に、地中海からパレスチナの南西岸に侵入して定着したペリシテ人によって、前一〇二〇年頃に激しい攻撃を受けて、崩壊の危機に直面した。パレスチナという地名は、このペリシテ人の名に由来している。

この危機を救ったのは、預言者サムエルであった。彼はサウルという若者に油を注いで、イスラエル最初の王とした。イスラエル民族の王は預言者によって「油を注がれた者」、すなわちメシア（ヘブル語ではマーシアッハ、ギリシア語ではクリストス）であるという考え方は、このことに由来している。やがて、サウル王国はダビデ王国に替わったが（前一〇〇〇年頃）、ダビデ王朝による統一王国時代は、ソロモンの死とともに終わった（前九二二年頃）。ダビデの出身部族であるユダ族を除いて、北の諸部族はソロモン時代の圧政を拒否して独立、イスラエル王国を形成してダビデ王朝の支配する南のユダ王国から分裂したのである。北王国は、約二〇〇年後の前七二二年にアッシリア帝国に滅ぼされ、南王国は、前五八七年に新バビロン帝国によって滅ぼされた。こうして、政治的に独立した民族としてのイスラエルの歴史は終わった。

その後、約五〇年間のバビロン捕囚の時代を経てペルシア帝国の時代になると、捕囚の民は当初ユダ王国の復興を志したが、それはついに実現せず、結局ユダヤ教団という形で古代イスラエル民族の宗教的遺産を継承する民族となり、教団民族としてのその性格は現代に及んでいる。

『旧約聖書』の中で、この民族のバビロン捕囚までの歴史は、「モーセ五書」（「創世記」から「申命記」までの最初の五つの書物）と、「ヨシュア記」、「士師記」、「サムエル記」（上下）、「列王記」（上下）の四書に記されている。

**ヘブル語正典における位置**　『旧約聖書』の原典は、ユダヤ教団が、紀元七〇年のローマによるエルサレムの破壊の後に、九〇年頃エルサレム西方のヤブネという町で会議を開き、最終的に内容を決定したヘブル語正典に基づいている。「モーセ五書」はヘブル語正典の第一部であり、「律法」（ヘブル語でトーラー）と呼ばれている。正典の第二部は「預言者」（ヘブル語でネビイーム）と呼ばれ、その前半はモーセ以後のイスラエル民族の歴史で、先に記したように、「ヨシュア記」、「士師記」、「サムエル記」、「列王記」の四書を収めている。後半は、いわゆる「預言書」で、「イザヤ書」、「エレミヤ書」、「エゼキエル書」、「十二小預言者」の四書からなっている。

「モーセ五書」は、すでに紀元前四〇〇年頃に正典的な権威を与えられ、一字一句の変更も許されない神聖な文書としての性格を獲得していたと思われる。それに対して「預言者」の部分の前半は、モーセの後継者ヨシュアからバビロン捕囚までの民族史を記したものとして、五書の後、まもなく聖なる文書と考えられるようになったと思われるが、本来の「預言書」である後半は、前五世紀―前四世紀の部分も含んでおり、正典的地位が確立したのは、前二〇〇年頃だったと考えられる。

## 二　初期ユダヤ教団

### ユダヤ教団の形成

前五三九年、ペルシア王キュロスがバビロンを占領するのを待ちかねていたユダヤ人の捕囚は、ただちに祖国に帰還してダビデ王朝を再興し、エルサレムの神殿を再建しようとした。しかし、諸国民の解放者を自任したキュロスが諸国民に認めたのは、宗教の自由のもとに、それぞれの民族文化を再興することにとどまり、政治的に完全な自由は当然ながら与えようとはしなかった。

その結果、ユダヤに帰還したバビロン捕囚は、キュロスの後を継いだカンビュセスの死後、ダレイオス一世（前五二一—前四八六年）が、ペルシア帝国の支配を確立するまでの時期に、おそらく二度ダビデ王朝の復興とエルサレム神殿の再建を試みたが、成功したのは神殿の再建だけで、神殿は前五一五年に完成されている（「エズラ記」五〜六章）。

以後、ユダヤ人は王朝を復興する政治運動は断念して、ペルシア帝国の許可のもとに神殿の儀礼と民族的律法の遵守を柱とするユダヤ教団を形成し、古代イスラエル民族とヤハウェ宗教の伝統を継承することを、民族存立の基礎とすることになったのである。

ペルシア時代初期の復興運動には、預言者の強い関与があった。バビロン捕囚の最初の帰還に伴ったのは、第二イザヤと呼ばれる無名の預言者であったし、ダレイオス一世の初期の復興運動に火を点じたのは預言者ハガイとゼカリヤであった。この運動の後、王朝再建の運動、すなわち、いわゆるメシア運動と預言者の活動は、政治的に危険なものとして禁圧される状態になった。

## この時代の預言と黙示文学への移行

教団民族としてのユダヤ民族を政治的に確立したのは、ペルシア帝国の都スサで王に仕えていたユダヤ人の役人ネヘミヤであり、その活動の後を受けて、教団の体制を宗教的に強化したのは、モーセの「律法」の学者であり祭司であったエズラである。前五世紀中頃に活動したこれらの人々は、ペルシア帝国の支配のもとで、ユダヤ人の共同体が存続できる体制を確立しようとしたのである。ペルシア帝国の支配下においては、メシア運動と預言者の活動は禁じられていたにもかかわらず、若干の預言者的発言が残されている。

まだイスラエルの民族国家が存続していた頃、預言者たちは自国の政治的指導者に対して厳しい批判を浴びせたが、バビロン捕囚期以後は、すでに批判すべき自国の王も支配階級も存在せず、彼らの課題は何よりも捕囚の人々に民族復興の希望を与えることであった。

しかし、このこと自体が帝国の弾圧の対象となるに及んで、彼らの預言は共同体以外の人々には理解しえない文学的技法を用い、著者名などを匿名ないしは偽名とする、いわゆる「黙示文学」の形態をとるに至った。われわれは、民族の復興運動に伴った預言を「後期預言」とし、帝国の弾圧によって、黙示文学的様相を示し始めた段階を「初期黙示」と呼ぶことにしたい。

ユダヤ教団が、ネヘミヤとエズラの努力で、ペルシア帝国の支配下に許容される正統主義的な教団の形態を整えた時代には、預言も黙示文学もほとんど自己を表現する機会を得なかったが、この時期のわずかな預言的・黙示的文学を「中期黙示」と呼ぶことにしたい。

前二〇〇年頃、ヘレニズム帝国の一つであるプトレマイオス王朝の支配に代わって、セレウコス王朝がパレスチナを支配するようになると、シリア帝国は支配民族に対して、性急なヘレニズム化を求め、ユダヤ教に対する弾圧を開始した。この時、本格的な黙示文学としての「ダニエル書」が成立した。『旧約聖書』の正典外には、多くの黙示文学が残されているが、預言者的宗教の系譜を引く本格的黙示文学として代表的な書は「ダニエル書」である。そして、成立年代をほぼ確認できる文学として、「ダニエル書」は正典の中で最も新しく、またほぼ最後の文書であると言うことができるのである。

# 三　ユダヤ教の正典としての『旧約聖書』

## ユダヤ教の正典の確定

「ダニエル書」が書かれたのは前一六四年で、シリア帝国（セレウコス王朝）に対する独立戦争（マカバイ戦争／前一六七―前一六四年）の末期のことであった。ユダヤ人は、その後約一〇〇年間、ハスモン王朝のもとに独立を維持したが、やがてローマ帝国の支配が拡大して、パレスチナは前六三年にローマの属州シリアの一部として併合されることになった。紀元三〇年頃には、イエスの活動があり、やがて急速に初期キリスト教の運動が展開されたのと並行するように、ユダヤ人のローマ帝国に対する敵対感情が強まり、紀元六六年から七〇年にかけて運命的なユダヤ戦争が勃発、紀元七〇年にエルサレムの神殿が破壊され、ローマの将軍ティトゥスによって征服された。

エルサレムに置かれていたユダヤ教の最高会議サンヘドリンは、エルサレムを脱出したユダヤ教の指導者ヨハナン＝ベン＝ザッカイによって、エルサレムの西方、地中海沿岸のヤブネ（ヤムニア）に移され、前述のように紀元九〇年頃、その地でユダヤ教の正典が確定されたのである。

「律法」（トーラー／モーセ五書）の正典性は、すでに前四〇〇年頃確立しており、正典の第二部

「預言者」の正典性は、前二〇〇年頃には確立していた。

残るのは、正典の第三部「諸書」(ケトゥービーム)であったが、ここには、イスラエル民族の古くからの讃歌や嘆きの歌などを集めた「詩篇」、そして「ヨブ記」、「箴言」、「コヘレト」などの知恵文学、さらに「エズラ記」、「ネヘミヤ記」、「歴代誌」などの歴史書、そのほかに、「雅歌」と「哀歌」、創作物語である「ルツ記」と「エステル記」、そして黙示文学である「ダニエル書」などが収められた。

## ヘブル語正典とギリシア語正典

ヤブネの会議は、右に列挙した書物を正典として最終的に決定した。これがユダヤ教の「聖書」であり、『旧約聖書』とは呼ばない。『旧約聖書』という言い方は、『新約聖書』を正典とするキリスト教の立場である。ユダヤ教の正典は、ごく一部のアラム語の部分を除けばヘブル語で書かれており、正典の三部の「トーラー」、「ネビイーム」、「ケトゥービーム」の頭文字を取って、「タナハ」と呼ぶのがユダヤ教のならわしである。

キリスト教は、ユダヤ教が定めたヘブル語正典をそのまま『旧約聖書』として受容し、つねに、ヘブル語とアラム語の原典から訳出しているが、その解釈については、ユダヤ教とはかなりの相違がある。この違いを意識しながら、ヘブル語正典における預言の本来的意味を改めて探求する必要がある。そのような試みから、預言の新しい解釈も出てくる可能性があると思われる。

キリスト教の『旧約聖書』は、前二五〇年頃から、ヘレニズム帝国のプトレマイオス王朝の後援のもとに、ギリシア語に訳出されたいわゆる「七十人訳」という聖書の配列を採用している。このギリシア語正典によれば、歴史書の後に「ヨブ記」、「詩篇」、「箴言」などの知恵文学が置かれ、その後に「預言書」が配列されている。このことは、『旧約聖書』の預言は将来のことに関するもので、全体の配列は、過去の歴史、現在の知恵、将来の預言という時間を軸とするものになっていると言えるだろう。

こうして、『新約聖書』の「マタイによる福音書」は、イエス＝キリストの誕生を『旧約聖書』の預言の成就と見る立場を示している（「マタイ伝」一・二二）。

メシアが処女から生まれるという待望は、「イザヤ書」七・一四のギリシア語訳に基づいているが、ここで「おとめ」と訳されているヘブル語は、必ずしも「処女」を意味するものではない。しかし「七十人訳」では、明確に処女を意味するギリシア語「パルテノス」が使われている。

さらに、「七十人訳」のギリシア語聖書に含まれていた約十五の書物は、ヤブネの宗教会議によってヘブル語正典から除外されていた。しかし、カトリック教会では長くこれらの書物を「第二正典」として、『旧約聖書』の末尾に集めて用いてきた。現在これらの書物は、『新共同訳聖書』の中で「旧約聖書続編」として収録されている。

伝統的なキリスト教の預言者理解によれば、『旧約聖書』の預言の最大の焦点は、メシアであるイエスの到来の預言にある。すでに述べたように、「油を注がれた者」を意味するヘブル語「マーシアッハ」はメシアの原語であり、それをギリシア語に訳せばクリストス、つまりキリストとなる。

## 預言者理解の相違

ユダヤ教の立場から言えば、最大の預言者はモーセであり、モーセはイスラエル民族を成立させ、ユダヤ教の基盤となる「律法」を与えた人物である。ただし、「モーセ五書」の中に多く記されている「律法」の大半は、モーセの時代に遡るのではなく、ペルシア時代になってユダヤ教団の「律法」として行われていたものを、シナイ山でモーセが神から与えられたものとしてまとめたものである。このことは近代の旧約学によって明らかにされたが、ユダヤ教にとって「モーセ五書」は、やはりモーセの「律法」として最高の神的権威を持つものとされている。

キリスト教徒は、「モーセ五書」に記されている儀礼的・民族的律法はすでに無効のものとし、ユダヤ人の行う割礼を否定し、安息日を土曜から日曜に変えている。キリスト教徒にとってモーセは、ユダヤ教の律法授与者ではあるが、預言者として重視しているのは、主として「イザヤ書」以後にその書物が収められている預言者たちのことである。

ヘブル語正典の第二部の前半は、モーセの後継者ヨシュアに始まり、バビロン捕囚に至る民族の歴史だが、この歴史の中にサムエル、ナタン、エリヤ、エリシャ、イザヤなどを始めとするかなり多くの預言者の伝記が組み込まれている。ユダヤ教の立場からみれば、預言者の活動は、当然古代イスラエル民族の歴史と不可分である。彼らは、民族の歴史に批判的な距離を保ちながらも、同時に政治的にも宗教的にも深くかかわっている。

アッシリア帝国や新バビロン帝国の形成期に、イスラエルの預言者たちは自国の滅亡を預言したが、バビロン捕囚期からペルシア時代の初期にかけて、彼らは民族の再建のために尽力した。しかし、民族の政治的再建が世界帝国の支配下では、不可能なことが明らかになってくると、預言は次第に黙示文学へと変貌を遂げることになった。預言は、自国の政治的指導者を直接口頭で批判し、その責任を追求したが、黙示文学は彼らが直接語ることができないことを、神自身による帝国の審判の幻として書き記した。預言者の終末思想は主として民族の滅亡にかかわっていたが、黙示文学の終末思想は、宇宙的規模を持つ世界全体の滅亡を預言するものになっていった。

ヘブル語の聖書は、ユダヤ教とキリスト教によって多少とも違った角度から解釈されながら、ヨーロッパの精神文化に大きな影響を与えてきた。

それでは、古代イスラエル民族の歴史の中に相次いで登場した預言者たちとは、いかなる人物だったのであろうか。次章では、この問題に立ち入ってみることにしよう。

# II

# 預言者とは何か

# 一　古代オリエント世界とその宗教

## イスラエル民族の出発点

古代イスラエル民族の出発点が、モーセによる出エジプトとシナイの契約にあるとすれば、それは紀元前十三世紀の前半のことだったと言ってよい。エジプトの歴史で言えば、新王国時代の二番目の王朝である第十九王朝、三番目の王ラメセス二世（前一二九〇―前一二二四年）の治世の前半である。今から三千年以上前のモーセの時代は、ひと昔前までは、歴史的研究の遠く及ばない太古の時代と考えられていた。

はたしてそうであろうか。すでに、前四〇〇〇年期の末には、メソポタミア地方では最古の絵文字が使われ、前三〇〇〇年期になると、エジプトでヒエログリフが使われるようになった。それに先立つ前四〇〇〇年期の前半にはメソポタミアで、後半にはエジプトで都市が成立し、前三〇〇〇年期に入ると、ナイル河の全流域を統一的に支配する初期王国がエジプトに成立した。考古学的に言えば、初期青銅器時代のことである。

前二七〇〇年頃から古王国の時代になると、エジプトでは多くのピラミッドが建設されるようになった。メソポタミアの南部では、前二九〇〇年以後の時代に入ると、スメール文化が栄えるようになった。

## イスラエル民族の先祖

『旧約聖書』の伝えるところによれば、イスラエルの先祖アブラムの父テラは、かつてスメール文化の栄えた都市であるウルから出発してメソポタミア北西部の町ハランに至り、そこに滞在した（「創世記」一一・三一）。テラはハランで死に、その子アブラム（アブラハムの名はもとアブラムであり、後に割礼を受けて神と契約を結んだ時にアブラハムと改名した／「創世記」一七・五）は、神の導きに従ってさらにハランを出てカナン地方（パレスチナ）に移住したと言われている（「創世記」一二・一―九）。

このアブラハムの移住がいつ頃のことだったのかは正確にはわからないが、イスラエルの先祖となった主なグループが、もともと古代オリエント世界を移動する集団であったことは間違いない。アブラハムの子イサクは、ハランから同族の娘リベカを妻として迎えた（「創世記」二四・一五）。イサクの子ヤコブは、兄エサウと仲たがいして、母リベカの勧めでハランに住むおじのラバンのもとに逃がれ、その二人の娘レアとラケルを妻とし、やがて十二人の子供を得たという（「創世記」二七・四一―二九・二四）。その子の一人がヨセフで、ヤコブ一族のエジプト下りの先導者となったのである（「創世記」三七―五〇）。

ヨセフは兄たちに売られてエジプトに下り、運命の転変を経てエジプトの宰相の地位にまで出世したという。外部からエジプトに入った人物にこのような出世の可能性があったのは、エジプトの第二中間期を支配した外来民族ヒクソスの時代（前一七五〇頃—前一六五〇年頃）であった可能性が高い。

## 古代オリエントの宗教

古代オリエントの文明は、前四〇〇〇年期に都市国家文明が形成され、文字が発明されるなどして、画期的な発展を見るに至った。それに先立った石器時代の宗教的遺産を多く残しながらも、大河の流域に栄えた多くの都市国家や、アッカド帝国（前三〇〇〇年期末）、古バビロン帝国（前二〇〇〇年期前半）、あるいはエジプトの統一王国では、王権を中心とした古代宗教が様々な神話や儀礼を形成しながら、それぞれの古代国家に政治的・社会的秩序を与えていた。これらの宗教における神話や儀礼は、当然支配者たちの権力を神々の世界と結びつけて正当化し、民衆を教化することを目的としていた。

宗教における超越的・絶対的な要素は「聖」という概念で表されるが、古代国家における権力は、自らを絶対化するために宗教的表象によって、権力を神聖なものにしようとした。しかし、権力がどれほど自己を絶対化しても、権力を永遠化することは不可能であるため、権力の破綻とともに宗教的権威もまた破綻せざるをえなかった。古代国家の宗教は、国家の滅亡とともにその命運が終わるのを常としたと言ってもよいだろう。

古代国家の運命に限界があるとすれば、それを告知する宗教的手段も必要とされる。古代メソポタミアでは吉凶を占う種々の占術が行われていたし、古バビロン帝国のハムラピ（前一七九二―前一七五〇年）に滅ぼされたマリ王国には種々の預言者的人物が存在して、支配者たちに神の意志を伝達していた。

また、エジプトの新王国時代を築いた最初の王朝、第十八王朝のアクナトン（前一三六四―前一三四七年）は、エジプトの主神であったアメン神から、太陽神であるアトンの一神教へと過激な宗教改革を行ったが、このことはエジプトの宗教史の上で特に注目すべき改革であった。それは確かに、エジプトの権力の側から行われた試みであったが、やがてモーセによるヤハウェの唯一神教の先駆としての意味を担ったことも否定できないであろう。

# 二　預言者的創唱宗教

イスラエル民族は、古代オリエント世界の文化が成熟した段階に登場したということができる。すでに、メソポタミアでもエジプトでも、強力な国家あるいは帝国が盛衰の歴史を繰り返していた。

## 預言者的創唱宗教の定義

エジプトでは、アクナトンがアトンの一神教による改革を行うため、テーベの都を捨ててアマルナに新しい都を移した。この企図は結局失敗したため、その子ツタンカーメン（前一三四七―前一三三八年）はアメン信仰に復帰したが、古い都テーベに戻ることはせず、デルタ地帯の入口に近いエジプト最古の都メンフィスに移った。

やがて第十九王朝のラメセス二世は、デルタ地帯の東部に新都市ラメセスを建設した。エジプト脱出を企てたヘブル人が強制労働に服していたのも、この建設工事のためであったと考える可能性は高い（「出エジプト記」一・一一）。

モーセの出エジプトという事件は、これまでの古代国家の宗教とは異なって、民衆を支配する国家権力の正当性を擁護するものではなく、逆に権力によって抑圧され、労役を強制されていた人々を解放し、解放された民衆が主体的に共同体を形成する責任を担っていくという課題を提示する、まったく新しいタイプの宗教によるものであった。

古代国家は、本質的には軍事的権力を支柱として成立し、宗教はその権力を民衆が内的に受容する道を用意する役割を担っていた。それに対して、モーセが受けた神の啓示は、絶対とされていた権力を否定し、民衆の主体性を喚起する種類のものであった。人間一人一人の主体性を基礎として、新しい人間の共同性を模索する種類の宗教を、「預言者的創唱宗教」と呼んでおきたい。

**預言者的創唱宗教の成立条件**

預言者的創唱宗教が成立する条件として、次の四つの点を指摘したい。まず最初は、古代国家の文明が発展して、次第にその利点も欠点も知りつくされるようになった段階で、古代国家の周辺から出て移動する集団の中から成立するということである。

第二点として、巨大になった古代国家の文明における人間存在のあらゆる問題を根源的に考え抜いたうえで、神とはこのような文明世界を超越する力であり、権力による支配を起こしまた滅ぼしうる超越的な力として理解することである。

第三点として、それゆえに権力の支配は相対化され、権力の支配によって疎外されていた人々を新しく形成された共同体に受容する能力を持つことである。

最後の第四点は、預言者的人物の宗教体験が、伝統化した宗教の本質を新しい状況において画期的に更新しうるということである。

これらの条件に照らして見ると、モーセの宗教体験はまさに、預言者的創唱宗教と呼ぶにふさわしいものと考えられる。イスラエルの先祖アブラハムの姿は、すでにある程度まで預言者的性格を示しているが、それはまだ部族的規模のもので、それによって古代オリエントに成立した諸国家、諸帝国に対抗しうる強固な民族共同体を形成するには至らなかった。イスラエルという民族が成立するためには、モーセの宗教体験と出エジプトという出来事が必要だったのである。

預言者的創唱宗教として数えうるものとしては、ユダヤ教、キリスト教、イスラム教がまずあげられるだろう。ユダヤ教はモーセを、キリスト教はイエスを、イスラム教はムハンマドを創始者としている。そしてこの三つの宗教は、等しく古代イスラエルの宗教を継承するものとして、相互に深い親縁関係を持っている。

この系譜とは異なるが、インドのバラモン教から分離した仏教も、預言者的創唱宗教としての性格を十分に持っていると考えられる。古代イスラエル民族は、モーセがその啓示に接した神ヤハウェを礼拝する共同体として発足した。言い換えれば、ヤハウェ宗教こそイスラエル民族成立のきっかけを与えたのであり、ここでは宗教と民族は不可分の関係にある。

古代イスラエル民族において、宗教と民族はどのような関係にあったのだろうか。

# 三　宗教・民族・教団

## 宗教と民族の関係

モーセがヘブル人を中心とする集団をエジプトから脱出させ、シナイ山で神ヤハウェとの契約に入らせた時に成立したのは、「脱出の共同体」とも言うべき小さな集団だったであろう。カナンに定着した後、イスラエル民族は約二百年間、部族連合の形をとっていた。その後、イスラエル民族は四百年あまりの間王国の形をとっていたが、新バビロン帝国に滅ぼされた後は、教団民族の形で存在した。このようにしてユダヤ教団は、その宗教の普遍性にもかかわらず、民族的な特殊性に固執して現在に至っている。

それに対してキリスト教は、ユダヤ教から民族性を取り去って、ローマ帝国に広く受容された。イスラム教も当初から民族の次元を超える普遍的な広がりを持っていた。バラモン教から出た仏教は、バラモン教のカースト制を否定して、人間一人一人に解脱の道を教えた。自ら王族（クシャトリア）の身分に生まれたブッダは、カーストを脱して自らの教えに基礎づけられた教団を形成したのである。

## 政治と宗教の関係

モーセは、エジプトを始めとする古代の諸帝国、諸王国、諸民族と対峙しうる民族共同体の形成に道を開いたが、ブッダは、自らの教団を諸権力と対峙する共同体になるべきだとは考えなかったようである。ここに、ユダヤ教、キリスト教、イスラム教の系譜と仏教の間にある、政治的現実に対する相違の源がある。

政治と宗教の関係については様々な困難な問題があり、それぞれの宗教の場合に即して具体的に問題を考えていかなければならないが、古代イスラエル民族と、キリスト教が出現するまでの初期ユダヤ教団における民族と国家の問題は、ヤハウェ宗教とその代弁者としての預言者たちにとっては、常に重大な問題であった。そのことは、預言者たちの宗教思想が、歴史的現実から離れた思弁をほとんど展開しえなかったという意味では、大きな限界になっていたと言えなくはないが、その反面、現実における政治批判、正義の要求などを通して西欧世界の社会倫理の基礎を提供し、今日に至るまで強い影響力を保持していることは否定しがたい事実である。

預言者の宗教が民族の歴史と深い関係を持つことを明らかにしたうえで、『旧約聖書』の預言者たちの時代区分と、その後継者としての黙示文学の時代区分を提示しておきたい。

# III　時代区分

# 一　預言の時代区分

## 預言者の系譜の始まり

イスラエル民族は、ヤハウェ宗教を自覚的に受容することによって成立した民族である。ヤハウェ宗教の自覚的受容が、モーセによる出エジプトの後にシナイ山で行われたとするならば、古代イスラエル民族における預言者の系譜はここに始まると言ってよいだろう。

もちろん預言者的宗教は、突然歴史に現れたわけではない。メソポタミア南部の都市ウルから移住を始めたイスラエルの先祖アブラハムの姿は、すでに様々な面で預言者的性格を持って描かれている。しかし、『古代イスラエルの預言者たち』の系譜をたどるためには、まずモーセから始めるのが妥当であろう。近代の旧約学では、モーセの歴史性が疑われることが少なくなかったが、このことは西欧の近代主義的偏見に基づく態度であると言わなければならない。

古代イスラエルの民族とその宗教は、成立の発端において、それ以前の古代国家とその宗教とは性格を異にしている。そのことについては、前章の「二　預言者的創唱宗教」の項で述べた。その宗教の超越性のゆえに、イスラエル民族が国家的存在として滅亡した後に、教団民族としてのユダヤ人は存続することができた。両者の間には、政治的に見てどのような断絶があるにしても、宗教的には確固とした連続性が認められる。

古代イスラエル民族は、預言者モーセが受容した啓示を媒介として成立し、また預言者たちが、民族国家滅亡の原因を、民族が神の意志に背いたことに対する審判として受け止め、それを告知することによって、民族は教団として再生することができたのである。

**「初期・古典期・後期預言」**　初期のイスラエルにおいて、民族は預言者とともに歴史を形成した。その時期は前十三世紀のモーセに始まり、前八世紀の半ばにまで及ぶ。前八世紀の後半にアッシリア帝国が興隆し、まずイスラエルの北王国が滅亡した（前七二二年）。その後南王国は、新バビロン帝国によって前五八七年に滅ぼされた。

われわれは、前八世紀半ばまでの預言を「初期預言」、前八世紀後半からユダ王国滅亡までの間に活動し、民族の滅亡を告知した預言者たちを「古典期預言」、一度滅んだ民族国家の復興を志した預言者たちを「後期預言」と呼ぶことにしたい。

## 二　黙示文学の時代区分

**「後期預言」と「初期黙示」**　古代イスラエルの預言者たちは民族の形成者であり、民族の命運に対して深い責任の意識を抱いていた。預言者は「ヤハウェの民」としてのイスラエル民族のあり方について独自の理念を持っていた。彼らは、その神的根拠についての確信から、現実の民族の腐敗と堕落に対して激しい批判の言葉を語りかけた。これが「古典期預言」の性格であり、預言者の超越性を明らかに示している。

しかし、国が滅びた後には、一転して彼らは民族の復興を預言した。その際、復興とは当然民族の政治的独立の回復を前提としていた。しかし、そのことを支配帝国は許容しなかった。そして、預言に対する帝国の側からの弾圧が始まる。民族の復興を呼びかける預言を「後期預言」と名づけるならば、帝国の弾圧によって、一部の預言者的発言や活動の事実が隠された形で表現されるようになった時、それを「初期黙示」と名づけてよいだろう。したがって、「後期預言」と「初期黙示」は紙一重の差である。

バビロン捕囚期からペルシア時代の初期にかけて、繰り返し「後期預言」と「初期黙示」の記録が相互に変容しながら残されている。「初期黙示」は、まだ捕囚前の預言のように、本来は語られた後に記録されるはずのものだったと思われる。

しかし、帝国の支配が確立したことで、語り得ることと語り得ないこととの限界が明らかになるにつれて、本来は語るべきものであった「預言」から、語り得ないゆえに書き記すしか伝達の方法がない「黙示文学」への移行が始まった。

しかしながら、『旧約聖書』の預言文学の中にちりばめられている黙示文学的要素は、預言と同じように深く民族の歴史的現実とかかわっている。

### 知恵的黙示文学

現実の不条理に直面して、現実の背後に隠されている神の意志を探ろうとするメタフィジカルな知恵文学は、ペルシア時代からヘレニズム時代にかけて次第に盛んになったが、これらの知恵文学的「黙示文学」は、「正典」にはほとんど取り入れられなかった。わずかに、「ヨブ記」の一部に黙示文学的知恵の性格が見られると言えよう。「コヘレトの言葉」の不可知論も、思想的にはメタフィジカルな黙示的知恵に近い性格を持っていると言えるが、あえてその世界に立ち入ろうとはしていない。旧約偽典の「エノク書」、「ヨベル書」、続編の「第四エズラ記」（続編「エズラ記」「ラテン語」の三―一四章）などが、知恵的黙示文学の代表例である。

ペルシア時代に、ユダヤ教団の正統主義が確立されると、預言者的発言はほとんど不可能になり、わずかに黙示的性格の預言文学が残されているにすぎない。そのような文学としてあげられるのは、「ヨエル書」、「第二ゼカリヤ書」(「ゼカリヤ書」九―十四章)、「マラキ書」などである。これを「中期黙示」と名づけておきたい。

本格的な黙示文学としてあげられるのは、「正典」の中では「ダニエル書」だけであるが、これはセレウコス王朝のユダヤ教弾圧に対して、マカバイ家を中心とする反乱が行われ、その戦いの末期に書かれたものと推定される。これを「後期黙示文学」と呼んでおきたい。

死海文書や旧約偽典における黙示文学は、この書の範囲を越えるものとして取り上げることはしない。

# IV

# 初期預言＝モーセからエリシャまで

# 一　モーセとイスラエル民族の成立

## モーセの歴史像

『旧約聖書』に残されている資料からモーセの歴史像を直接描き出すことは、もちろん多くの困難を伴う。いわゆる「モーセ五書」の第二の書である「出エジプト記」に始まり、「レビ記」、「民数記」、「申命記」に及ぶ四書は、すべてモーセに関連する記録となっている。ただし、第五の「申命記」の主要部分（一二―二五章）は、前六二二年、ユダ王国の王ヨシヤが宗教改革を行った時の「律法」の書であり、モーセ伝としては二次的である。

また、「出エジプト記」一九章で、出エジプトの民がシナイに達し、モーセがヤハウェと契約を結び、シナイに滞在している間に神から与えられたという多くの「律法」は、バビロン捕囚期以後のユダヤ教団が聖なるものと定めたのであって、モーセの時代に遡るものはきわめてわずかである。したがって、モーセの伝記的記事は、「出エジプト記」の前半（一―二〇章）と、シナイ出発以後の記事（「民数記」一〇・一一―三六・一三）のほかには、「出エジプト記」二四章の「契約の締結」の記事、同三二―三三章の「金の子牛」の記事にとどまると言ってもよい。ただし、これらの記事もすべて、モーセの時代から三百年以上経過した時代に文書化されたもので、そこから歴史的なモーセの姿を読み取ることが難しいのは言うまでもない。

それにもかかわらず、これらの資料は決して単に後代の捏造《ねつぞう》によるものではなく、II章の「二預言者的創唱宗教」の項において述べた、預言者的宗教創始者としてのモーセの宗教体験を何らかの意味でとどめている、と見るべきであろう。

それだけではなく、これらの箇所に見られるモーセ像は、その後イスラエル民族の歴史に登場してくる預言者たちの「元型」と言うべき性格を持っており、後の時代の預言者たちは直面する危機に立ち向かうために、モーセの原像を借りて問題の所在と解決の道を探ろうとしたと言うことができる。その意味でモーセ像は、『旧約聖書』の預言者像の理解にとって基本的に重要である。

## モーセの家系と生い立ち

モーセの誕生は、エジプト第十九王朝のラメセス二世（前一二九〇—前一二二四年）の初期、デルタ地帯の東部で行われた新都の建設のための強制労働と、ヘブル人の圧迫に関係づけられている（「出エジプト記」一・一一—一四）。その圧迫の中でモーセは捨て子とされ、たまたまファラオの王女に拾い上げられ、王女の子供として育てられたと言われている（「出エジプト記」二・一—一〇）。モーセの実の親は、レビ人の家系に属していたとされており（「出エジプト記」二・一）、後の系図によれば父はアムラム、母はヨケベドであったという（「出エジプト記」六・二〇、「民数記」二六・五九）。レビ族はもともとは世俗の部族で、彼らがシケムのカナン人に対して行った乱暴な行為が記録されており（「創世記」三四章）、その暴力行為ゆえに神の罰によって土地を奪われ、諸部族の間に分散されたともされている（「創世記」四九・五―七）。

しかし他方、古い歌である「モーセの祝福」（「申命記」三三章）では、レビ人にはすでに祭司の役割が与えられており、荒れ野の旅の途上で、自分たちの父母・兄弟・子供たちをも顧みず、ヤハウェとの契約を守ったとされている（「申命記」三三・八―一一）。後の伝承は、モーセの兄アロンを最初の祭司とし、その職務は子のエルアザルによって継承され（「民数記」二〇・二二―二九）、さらにエルアザルの子ピネハスは、モアブの地でバアル宗教に誘惑された者を殺害し、ヤハウェに対する熱い忠誠を表したとされている（「民数記」二五・一―一八）。

このように、モーセの生い立ちは、ヘブル人の中でも祭司の家柄の出自とされ、ヘブル人が抑圧される中で、不思議な縁によって抑圧者の頂点に近い王女のもとで養育され、言ってみれば、二つの立場の大きな矛盾の間で成育したとされている。

やがてこの矛盾は、モーセの生涯に大きな破綻を生み出すことになる。成人したモーセは自分の出自に目覚め、ヘブル人である同胞が重労働に服しているのを見た。一人のエジプト人がヘブル人を打ち据えているのを見て、モーセは彼を殺して立ち去ったが、その翌日ヘブル人同士が争っていたので一方をたしなめようとすると、エジプト人を殺したように自分をも殺そうとするのかと言い返された（「出エジプト記」二・一一―一四）。モーセは事件の発覚を知り、エジプトを去ってシナイ半島を越え、アラビア半島の北西の端に位置するミディアンの地に逃れ、そこで出会った祭司レウエル（別名エテロ）の娘ツィポラと結婚した（「出エジプト記」二・一五―二二）。

## モーセの召命

モーセの召命、つまりモーセが神によって預言者の職務に任命された記事は、「出エジプト記」の三・一から四・一七に記されている。なかでも最も重要な部分は、三・一―一五である。モーセは、ミディアンの祭司レウエルの羊の群れを追って荒れ野を行き、神の山ホレブ（別名シナイ）に至った時、「燃える柴」の間から呼びかける神の声を聞いた。

召命の記事に先立って、モーセのミディアン滞在は長期に及び、彼が追跡を恐れていたエジプトの王は死んだとされている（「出エジプト記」二・二三）。この王とは誰だろうか。ラメセス二世だとすれば、この王は前一二九〇年から前一二二四年まで、実に六十六年にわたって在位したとされるので、出エジプトの年代はあまりにも遅くなってしまう。出エジプトが、ヒッタイトの王ムワッタリスとラメセス二世が戦ったカデシ戦争（前一二八六年）の後まもなくだとすれば、モーセの誕生が、ラメセス二世の治世の初期とすることはできない。それは、モーセの召命がラメセスの建築事業による重圧のためであったことを示すためのフィクションであり、アッカド帝国を築いたサルゴンについても捨て子物語が伝えられているので、モーセをファラオと対峙するにふさわしい人物とするフィクションであったと見るべきであろう。

後の資料は、出エジプトの時モーセは八十歳で（「出エジプト記」七・七）、四十年の荒れ野の旅を経て、死んだのは百二十歳だったとしている（「申命記」三四・七）。これらはすべてモーセの生涯を理想化するための記述であるが、召命の記事で繰り返されているのは、何よりもモーセの同胞の苦しみである（「出エジプト記」二・二三―二四、三・七、九）。

仮に、出エジプトの年代を前一二八〇年頃として、その頃モーセが人間的に十分成熟した四十歳頃とするならば、その誕生は前一三二〇年頃となり、それは第十八王朝最後の王ホルエムハブ（前一三三四―前一三〇六年）の治世にあたり、アトン神による宗教改革を行ったアクナトンの死（前一三四七年）から二十七年を隔てるにすぎない。アクナトンの死後、都はデルタ地帯に移り、宮廷関係の事業はヘブル人をはじめ外来の人々が多く担う状況にあり、預言者的創唱宗教の成立の時期は十分に成熟していたと言えるであろう。

## 召命の意味

モーセの召命の意味は何かと言えば、まず神のように絶対的な権力を握っていたファラオの支配と、その抑圧のもとにおけるヘブル人の生活との対立を見きわめ、ついにそれを克服する道の端緒をつかんだということであろう。

抑圧されている人間が、常に抑圧の構造とその意味を的確に捉えることができるとは言えない。

抑圧の構造の前提には、巨大な文化的蓄積がある。少なくとも文字の発明、技術の進歩、高度の軍事力の確立、官僚的支配体制の整備などが必要である。この構造が見えなければ、被抑圧者は、自分たちを抑圧する権力に拝跪《はいき》し、お互い同士が争い合う。その構造の変革はほとんど不可能と思えるから、単純な善意と正義への意志をもってしても、この構造を覆すことはできない。ヘブル人同士の争いと、それに介入した青年モーセの挫折は、この事情を象徴している。

苦い挫折を胸に抱いて、ミディアンの荒れ野に逃れたモーセには、やがてこの抑圧的構造の実体が透明に浮き出るように見えてきたのであろう。しかし、この構造を認識しても、それを変革するのは至難の業である。ファラオの絶対的な権力と対決し、抑圧された人々に権力機構の支配下から脱出することを決意させ、権力的な世界の中で各人の自由と責任において、質的に新しい共同体を形成できるものかどうか……。このような課題には、どのような英雄も尻込みせざるをえないであろう。

人生の経験を積んで、抑圧ゆえに生じる人間の精神の貧困と弱さ、抑圧ゆえに生まれてくる利己主義の実態を知れば、被抑圧の状態におかれた人々に、権力からの脱出と自立を決意させることがいかに困難なことであるかがわかるであろう。このことを多少でも知る者は、このような変革の企図を愚かな妄想とするほかはないだろう。

モーセの召命の内実は、このように妄想としか思えなかった抑圧からの脱出と解放という課題に向かって立ち上がることを強引にうながす、ある抗しがたい力を体験することだったのである。

## 神名の啓示

モーセの召命の内容については、端的に「出エジプト記」三・九―一〇に記されているが、その箇所は次のとおりである。

> 見よ、イスラエルの人々の叫び声が、今、わたしのもとに届いた。また、エジプト人が彼らを圧迫する有様を見た。今、行きなさい。わたしはあなたをファラオのもとに遣わす。わが民イスラエルの人々をエジプトから連れ出すのだ。

この言葉に接してモーセは、課せられた使命を拒否して受けようとはしなかった。それに対して神はただ、「必ず、わたしはあなたとともにいる。このことが、わたしがあなたを遣わすしるしだ」と言った。モーセがさらに神に向かってその名を問うと、神は「わたしはある。わたしはあるという者だ」と答え、さらにイスラエルの人々に、「『わたしはある』という方《かた》がわたしをあなたたちに遣わされたのだ」と告げるように命じている（「出エジプト記」三・一一―一四）。

「わたしはある」という言葉が繰り返されているが、ヘブル語で「わたしはある」は、「エフイエ」と発音する。「あなたとともに」は「インマーヒ」である。したがって、最初の言葉は「エフイエ－インマーヒ」、二度目の重複されている表現は「エフイエ－アシェル－エフイエ」、三度目に単独で言われているのは「エフイエ」である。

二度目のものは、文語訳では「我は有りて在る者」、口語訳では「わたしは、有って有る者」と訳されている。その意味は、「わたしは、およそ『わたしはある』ということが成り立つ根拠である」という意味だろう。三度目の絶対用法は、神の名として文の主語になっているが、この名を人が呼べば、神名を呼ぶ時に、呼ぶ人自身が「わたしはある」という自覚へと導かれる。第一の「わたしはあなたとともにいる」というのは、神の救助の約束である。神の名を聞くことによって、すでに人間の各人が自己に目覚め、神の呼びかけに応えてともに歩み出す存在としてのあり方を示されたと言ってよいのである。これこそ、モーセが預言者として開示された世界のあり方であり、彼の課題はそのような世界の形成であったと言えるだろう。

**出エジプトとシナイ契約**　しかし次の節で、神が「世々にわたしの呼び名」としてモーセに教えた名は、「わたしはある」（エフイエ）ではなく、ヤハウェという名であったとされている。この名は、伝統的に「主」と訳されている。それは、同じ「ある」というヘブル語の動詞「ハーヤー」の三人称男性単数の使役形未完了で、「彼はならせる」、「彼はあらしめる」の意味になる。

このことは意味深い。ヤハウェは、エジプトの宗教のように権力者のファラオだけが、「わたしはある」と称して自己の存在を主張するのではなく、神の声を聞くすべての人が「わたしはある」という自覚を持つ世界を「あらしめる」というのである。こうしてヤハウェという名は、エジプトで抑圧されている人々の自覚を呼び起こし、自由な人間が相互の責任において、新しい民族を形成する旗印となったのである。

出エジプトの事件は、モーセがファラオと対決を続ける中で、ヘブル人の意識を覚醒することによって準備された。権力への隷属から解放への道は、現実の体験としては喜びよりもむしろ苦難の道であった。共同体が自立するためには、外部からの攻撃に対抗するだけでなく、内部に自主的な規律を確立する必要があった。それがシナイ契約の意味である。エジプトを脱出した人々がシナイにおいて、ヤハウェと契約を結んだ時に与えられたという十戒は、このような規律の要約である（「出エジプト記」二〇・二―一七）。その前文には、「わたしはヤハウェ、あなたの神、あなたをエジプトの国、奴隷の家から導き出した神である」と、律法の授与者であるヤハウェが自分を紹介している。

ヤハウェは偶像を拒否（第二戒）し、神名が呪術的に称えられることを禁じている（第三戒）。共同体の成員相互の間で、殺人、姦淫、盗み、偽証などは許されない（六―九戒）。これらの戒めが、ヤハウェの名で命じられている。ヤハウェの源にある「エフイエ」という神名は、より深く広い世界を開示しているが、神名として「エフイエ」という名は、『旧約聖書』ではここでしか使われていない。「ホセア書」一・九でもう一度使われているとみることもできるが、ほとんど一回限りである。逆にヤハウェという名は、六千五百十八回も使われているという。この名によってイスラエルは外敵と戦い（「出エジプト記」一七・一五―一六）、この名によって民族の内部規律を維持することになったのである。イスラエル民族の正統的宗教を「ヤハウェ宗教」と呼びならわしているのは、まさにこのためである。

## シナイからカデシへ

預言者的宗教は、民族や部族のような集団の宗教を一度解体して、信仰の問題を個人の次元に戻したうえで、各人の決断に基づく新しい共同性を形成するのが原則である。この原則を特に強く擁護したのは、モーセの家系のところで述べたように、レビ人の役割であった。しかし、各人の自由と責任において新しい共同性を現実に築き上げるのは至難の業であった。部族や家族の絆まで断ち切って、雑多な人々を受容しながらエジプトを脱出した集団（「出エジプト記」一二・三八、「民数記」一一・四）を、軍事的権力によらず、宗教的権威によって一つの相互主体的な共同体へと形成するには、どのような困難があったであろうか。

出エジプトの集団は、脱出するとすぐにエジプト軍の追跡を受けた（「出エジプト記」一四―一五章）。この難を逃がれると、彼らは水と食べ物のことでモーセに抗議した（「出エジプト記」一五・二二―一七・七）。さらに彼らはアマレク人の攻撃を受けた（「出エジプト記」一七・八―一六）。モーセの妻の父であるミディアンの祭司エトロが訪ねてきた時、彼はモーセにその労苦を分担するための組織を教えた（「出エジプト記」一八章）。しかし、シナイを後にして、荒れ野の旅に出発してからもこのようなことが繰り返されたという（「民数記」一一・一－二一・一六）。

彼らがシナイを出てしばらく滞在したのは、ユダの南方にあるネゲブの荒れ野のカデシ－バルネアであった（「民数記」二〇章）。そこからカナンに向かうべきかどうかが問題となったが、「民数記」によればカデシに達する以前、パランの荒れ野に宿営した時すでに大きな問題になったとされている（「民数記」一三－一四章）。

モーセの召命の時から、乳と蜜の流れる約束の地カナンが出エジプトの目標として提示されているが（「出エジプト記」三・八）、それは後の時代の理解であろう。最初は、モーセがファラオに求めた、「ヘブライ人の神、主がわたしたちに出現されました。どうか、今、三日の道のりを荒れ野に行かせて、わたしたちの神、主に犠牲をささげさせてください」（「出エジプト記」三・一八、五・三、七・一六、九・一、一三、一〇・三）という言葉に表されているように、モーセがかつて神の啓示を受けたシナイへ脱出して小規模の新しい共同体を成立させ、次の目標としては、ネゲブの南にあるオアシス、カデシ－バルネアにとどまって、今後のことを考えようとしたのであろう。

出エジプトの後、アマレク人との戦いを経験した時、モーセの義父エトロが、モーセを訪ねて集団の組織化について示唆を与えたとされているが（「出エジプト記」一八章）、「民数記」では、シナイを出発した直後に、七十人の長老が立てられたとされており、しかもこの代表者たちの間にも、少なからぬ相違や対立があったことが記されている（「民数記」一一―一二章）。

## カデシからカナンへ

これらのことは、カデシ滞在の前のことか、あるいはカデシ滞在中のことか必ずしも明瞭ではないが、カデシ滞在中、どのような仕方で集団の確立と形成を企てるかということが、出エジプトの集団にとって大きな課題だったはずである。様々なグループが対立抗争する中で強調されているのは、モーセの謙遜ということと、その預言者的資質の根源性ということである（「民数記」一二・二―八）。特にモーセへの啓示は、普通の預言者のように幻や夢によるのではなく、直接神と語り、神の姿を見ることによるとされている。

一度カナンに向かうことが決定されながらも、カナンの地を探ってきたイスラエル十二部族の代表のほとんどすべてが、カナンに向かうことを恐れてその方針に反対した。賛成したのは、ただユダ族のカレブとエフライム族のヨシュアだけだったという（「民数記」一三・六、八、一六）。他の者たちはモーセとアロンに逆らって、一人の頭を立ててエジプトへ帰ると言い出すまでになったという（「民数記」一四・四）。こうした状況に対してヤハウェは怒って、出エジプトの民の中でカナンに入れるのは、カレブとヨシュアを除けば二十歳以下で荒れ野に生まれ、神の約束に逆らわなかった者たちだけであるという審判が下されている（「民数記」一四・二六―三八）。

ヨシュアの名は、すでにアマレクとの戦いの時に記されているが（「出エジプト記」一七・一三）、カレブについては、カナン偵察に際して初めて言及されている。カレブは後に、ユダの最大の町ヘブロンを領有することになるが（「ヨシュア記」一四・六―一五、「士師記」一・一二―一五）、ヘブロンはアブラハム伝承が伝えられていた町でもあり（「創世記」一三・一八）、後にダビデがユダ族の王となった町でもある（「サムエル書」下二・一―四）。

イスラエル民族のカナン占領の物語は、ほとんどヨシュアの名と結びつけられている。カレブの名がカナン偵察の記事で特別な位置を与えられているのは、ダビデとの関係が重視された結果であろう。

シナイにおいてヤハウェとの契約に入った者の中で、レカブ族のように後々までカナンに入らず、荒れ野の生活を送った部族もあったであろう（「列王記」下一〇・一五―一七、「エレミヤ記」三五章）。モーセの義父が属していた部族はケニ人と呼ばれ、ユダの荒れ野、アラド近辺のネゲブに上り、ユダの人々とともに住んでいたとされている（「士師記」一・一六）。シナイにおける出エジプトの集団と、カナンにおけるイスラエル民族との間には、一つの明確な段階上の相違があると見るべきであろう。

# 二　ヨシュアと部族連合

ヨシュアはモーセの後継者に任命され（「申命記」三一・一―八）、モーセの死後はイスラエルを率いてヨルダン川を渡り、カナン全土を占領するとともに（「ヨシュア記」二―一二章）、土地を十二部族に分割し（「ヨシュア記」一三―二一章）、そのうえで改めて古くからの聖所があったシケムで、十二部族とヤハウェとの契約関係を再確認させ（「ヨシュア記」二四章）、十二部族の宗教連合としてのイスラエル民族の基礎を確立した人物であるとされている。

「ヨシュア記」の一章（一―九）では、ヤハウェがヨシュアに直接語りかけており、二四章では、ヨシュアがイスラエルの全部族に向かって神の言葉を告げ、ヤハウェに対する忠誠の決断を求めているが、ヨシュアは一度も預言者とは呼ばれていない。ただ、若い頃から「モーセの従者」と呼ばれていたにすぎない（「出エジプト記」二四・一三、三三・一一、「民数記」一一・二八、「ヨシュア記」一・一）。ヨシュアは、シナイ契約の場にも伴われていたとされ（「出エジプト記」二四・一三）、モーセによって設立された正統的ヤハウェ宗教の継承者と見做《みな》されているが、彼自身の固有の啓示体験や召命体験は記されていない。

古代イスラエルにおける預言者の職務の範囲は広く、民族の宗教と対内的秩序の維持（律法）と、対外的な防衛までを含め、民族の全生活の要としての指導者であった。この点は、後のイスラム教の創始者ムハンマドも、モーセの担った役割とほとんど同じ役割を担っていたと言えるだろう。いずれにしても預言者であることの権威は、何よりも神から直接に啓示を受領するところにあったと言わなければならない。この点でも、モーセとムハンマドはきわめてよく似ている。

たしかに、ヨシュアは預言者とは呼ばれていないが、イスラエル民族がカナンの地で民族としての組織を整える時に、モーセが導入したヤハウェ宗教を正統的に継承したという意味では、預言者的人物とほとんど同一の働きをしている。それにもかかわらず、彼はどこまでも「モーセの継承者」であり、神の指示を直接的権威を持って取り次ぐ、預言者としての権威は与えられていない。

**カナンにおけるイスラエル**

前十四世紀のパレスチナは、カナンの先住民が形成していた二百から三百にも及ぶという都市国家による文明が支配していた。これらの都市国家は、少数の貴族が大多数の農奴を支配し、その宗教は自然の多産にかかわるバアル宗教であった。

それに対してヤハウェは、出エジプトの神であった。ヤハウェ宗教のもとに形成されたイスラエル民族の共同性は、カナンの都市貴族を中心とするバアル宗教との対決を避けることができなかった。出エジプトの集団がもたらしたヤハウェ宗教の衝撃は、都市国家の文明に代えて、都市貴族の支配から自立した自由な農民の部族連合としてのイスラエルの形成をもたらしたのである。土地は貴族が独占すべきものではなく、ヤハウェが各部族と各家族に分与し、世襲の耕作権を保証するものとされたのである。出エジプトの集団は、もともとかなり雑多な集団であったが、ヤハウェ宗教のゆえに次第に新しい共同性を自覚的に獲得していった。カナンに入ったこの集団が、どれほどの規模のものだったかは不明であるが、その集団がカナン先住民の文化に与えた衝撃は決して小さなものではなかった。

　カナンの低地は、ほぼ全面的に密集する都市に支配されていたが、高地では、イスラエルの先祖アブラハムやイサクやヤコブなどの姿に見られるように、移動を常としながらも定住の地を求めていたグループが少なからずあったであろう。これらの人々がヤハウェ宗教の受容によって結集した時、周囲の都市国家との対立を避けて、平和的に生活圏を徐々に拡大する場合もあっただろうし、戦闘を交えることもあったであろう。また、後期青銅器時代から初期鉄器時代への移行期に、農業の技術が飛躍的に進歩し、農民たちは都市貴族の支配から脱して、イスラエル民族に加わることもあっただろう。とにかく、前十三世紀末に、イスラエル民族がカナンに定着していく過程は、それまで主として低地を支配していた都市国家の連鎖から、主として高地を支配する自営農民の部族連合への移行であり、支配的なバアル宗教から、新しいヤハウェ宗教の確立へと向かう闘争の過程であったと言えるであろう。

## 三　士師たちと預言者たち

**部族連合を代表する士師**

ヨシュアが基礎を定めた、カナンにおけるイスラエル諸部族の宗教連合は、どれほど強固な連帯と統一性を持つことができただろうか。このことを一概に論ずることはできないが、少なくとも、軍事力を基礎とする統一的な権力機構は存在しなかった。それは、せっかく脱出してきたエジプトの支配体制に逆戻りすることでしかなかったからである。

この時代の民族の統一性は、「ヨシュア記」二四章に見られるようなシケムの契約祭を行い、毎年あるいは七年ごと（「申命記」三一・九―一三）に、イスラエル民族の存立の基礎としての神ヤハウェとの契約を定期的に再確認することによって維持されていた。

そのほか、地方聖所にはレビ人祭司がいて、ヤハウェ宗教の固有性を教えていたであろう。しかし、その影響力は新しい環境の中で決して十分ではなかったであろう。カナンの都市国家には、長く行われていたバアル宗教の影響が少なからず残っていた。自営農民となったイスラエル民族のどれほどの成員が、解放され自立した人間としての自覚のもとに、ヤハウェ宗教のもたらした新しい共同性の確立を志しえたであろうか。そうではなく、むしろ逆に自然の世界を支配し、雨を降らせ、自然と人間に多産を約束するバアルを礼拝し、富の蓄積による支配体制の受容に向かったのではないだろうか。これが、ヨシュアの死後に残された部族連合に対する問いであり、課題であった。

この時代に部族連合を代表したのは「士師」と呼ばれる人々であった。士師とはヘブル語でショーフェート、「裁く人」という意味である。「士師記」には十二人の士師の名が記されている。そのうちの五人は、その名と若干の記録的文章のほかには、具体的な物語を欠いている（「士師記」一〇・一―五、一二・八―一五）。この人々を学者は「小士師」と呼び、部族間の紛争の調停や、法の伝承などの職務を執り行っていた名誉職的な指導者であったとしている。その他の七人については、外敵の攻撃に際して、神の霊を受けて農民の自衛戦争の指揮をしたという物語が残されている。この人々は、カリスマ的な戦士であって、旧約学では通常「大士師」と呼ばれている。ただし、そのうちのシャムガルについては、ただ一節の記事が残されているにすぎない（「士師記」三・三一）。

## 預言者的士師

制度的な権力機構を持たない士師時代においては、対内的な秩序の維持にあたるのも、外敵を防ぐのも「士師」の役割であり、「大士師」「小士師」という区別は便宜的なもので、両者を兼ねていた人物も少なくない。士師たちの持つ内外両面での職務は、預言者モーセも担っていた。そして、法的秩序の維持も、外からの攻撃に対する防衛も、もともとは宗教的な意味を持っていたのである。

士師たちの中で、預言者的性格を最も強く示しているのは、デボラとギデオンである。デボラは、女預言者と呼ばれており、その物語的記事は「士師記」四章に、「デボラの歌」と名づけられる興味深い歌は五章に見られる。

デボラは、初め小士師としてイスラエルを裁いていたが、北方の大都市国家ハツォルの王がイズレエル平野を制圧したため、イスラエル農民の生活は困窮した。その時、デボラは実戦の指揮者にバラクを立て、女預言者として農民の勇気を鼓舞して立ち上がり、戦車に乗るハツォルの軍勢を相手に、みずからはろばに乗って徒歩の農民自衛軍を率いて戦い勝利を収めたのである。この戦いは、都市貴族に対する農民の士気を大いに高めたに違いない。

ギデオンの物語は、「士師記」の六章から八章に記されている。彼が立ち向かわなければならなかったのは、遊牧民のミディアン人だった。農民であるイスラエルの部族は、季節ごとに収穫を掠奪され、甚大な被害をこうむった。このような時期に、農民のギデオンがミディアン人の攻撃を避けるような場所で小麦を打っていた。そこにヤハウェの使者が現れて、自衛の戦いのために立ち上がることを求めた（「士師記」六・一一―四〇）。これはギデオンに対する召命の記事であり、ほとんど預言者の召命と共通している。民族の危機の中でギデオンは立ち上がり、「主の霊がギデオンを覆った」（「士師記」六・三四）と記されている。

しかし、ギデオンは預言者とは呼ばれていない。彼は、ミディアン人に勝利した後、イスラエルの支配者になることを求められたが、イスラエルを支配するのはヤハウェだけであるとして、この申し出を断っている（「士師記」八・二二―二三）。しかし、その後ギデオンは偶像礼拝に陥り、その子の一人アビメレクが王位を僭称《せんしょう》するに至った（「士師記」九章）。おそらくこのような事情が、ギデオンが預言者と呼ばれない理由であろう。

## 士師時代の破綻

士師時代には、宗教的連帯と自治によって、民族の統一性を保持することが原則だったが、ミディアン人との戦いの後に、人々はギデオンに支配者になることを求めたり、その息子アビメレクがシケムで王位を僭称したり、王制への傾向が少なからず生まれてきたと思われる。外部の攻撃に立ち向かう戦士も、必ずしも神の霊によるカリスマをもって戦うのではなく、ギレアドのエフタのように、ならず者を集めて私兵を雇う者が、戦いの指揮をとるように求められることもあった（「士師記」一一章）。

しかし全体として言えば、アビメレクの殺害を免れたギデオンの子ヨタムがゲリジムの山上で叫んだ言葉のように、激しい反王制的気風が残っていたと思われる（「士師記」九・七―二〇）。部族連合を破綻に導いたのは、何よりも内的な無秩序であった。ダン族は、初めベニヤミン族の西側にいたが、士師時代の後半になってイスラエルの最北端へ移動した（「士師記」一七―一八章）。ベニヤミン族の西側は、その頃地中海から移住してきたペリシテ人と境を接して、海沿いの北側の地域にあたる。大士師の一人に数えられるサムソンは、ダン族の出身でペリシテ人との接触が多かった（「士師記」一三―一六章）。サムソンが死んだのは、ペリシテ人の町ガザにあるダゴンの神殿であった。サムソンの物語は、ペリシテ文化の影響を受けたイスラエルの悲劇的英雄の物語である。

ダン族の移住の物語に先立って、地方聖所における恣意的礼拝の様子が描かれている（「士師記」一七・一―六）。「士師記」の一九―二〇章には、ベニヤミン族による犯罪行為の結果、ベニヤミン人に対する聖戦が行われたことが記されている。その頃イスラエルの中央聖所は、アビメレクによる荒廃のためか、シケムからシロに移されており、ベニヤミン戦争後にそこで行われた乱行の様子が記されている（「士師記」二一章）。

「士師記」の一七章以下には、「そのころイスラエルには王がなく、それぞれが自分の目に正しいとすることを行っていた」というコメントが繰り返されている（「士師記」一七・六、一八・一、一九・一、二一・二五）。ユダ族の西側の地中海沿いに定住したペリシテ人は、鉄器の技術を独占し、軍事力においても、従来の都市国家をはるかに凌いでいた。このペリシテ人がイスラエルの部族連合に攻撃をしかけたために連合は崩壊の危機に直面した。イスラエルに王国が設立されたのは、まさにこの危機を克服するためにほかならなかったのである。

# 四　預言者サムエルとサウル王国

## 王国の成立

イスラエルにおける王国成立の事情は、「サムエル記」の前半に記されている。サウル王国の成立過程は、上の八―一二章に、またダビデがサウルに仕え、やがて自ら王位につくまでの過程は、上一六―三一章、下一―六章に及んでいる。

これらの物語が文字で記述されたのは、ダビデの治世になってからのことだが、国家権力は、自らの存立の正当性を示すために、その成立史を書き記すことを常とする。これまで、われわれが見てきた出エジプトから部族連合崩壊までの物語は、もともとほとんどすべて口伝で伝えられ、文字による文学の形をとったのは、ダビデとソロモンの統一王国が分裂した後、主に北イスラエル王国において、前九世紀から前八世紀の半ば頃までの間のことであったと思われる。

しかしイスラエルにおいては、王国の歴史も預言者の存在なしには考えられない。王国の発端、何度か訪れた王国の危機の時代、そして王国の滅亡と滅亡後の再建の試みにおいて、常に預言者は民族の歩みに沿って活動した。王国の成立に際して決定的な役割を演じたのは、預言者サムエルであった。そのため王国史の前半は、「サムエル記」と名づけられている。

## 預言者サムエル

サムエルの誕生は、「サムエル記」上の第一章に記されている。サムエルは、その誕生に先立って母親が行った誓願のゆえに、ナジル人《びと》として神に捧げられた（「サムエル記」上一・一―二）。ナジル人とは、神に聖別された人という意味で、「民数記」六・一―二一にその規定が記されている。その要点は、頭髪を切らないこと、酒を飲まないこと、祭儀的清浄を保つため死体に近づかないことなどである。ナジル人の伸ばされた頭髪には、力が宿ると信じられていた。サムエルのほかナジル人として知られている人物はサムソンである（「士師記」一三・五、七）。

「デボラの歌」の冒頭で、「イスラエルにおいて民が髪を伸ばし、進んで身を捧げる時、主をほめたたえよ」（「士師記」五・二）と言われているのは、イスラエルの民がハツォルとの戦いのためにナジル人と同様の準備をしていたことを示しているのであろう。酒を飲まないことは荒れ野の時代を想起させる。『新約聖書』のバプテスマのヨハネもナジル人の姿に描かれている（「ルカ」一・一五、七・三三）。サムエルは、行き詰まった部族連合の救助者として用意された人物であった。

サムエルは、部族連合末期に中央聖所となっていたシロの祭司エリのところで養育された。エリは士師の役割も担っていた（「サムエル記」上四・一八）。しかし、二人の息子は堕落しており、人々が神に捧げるものを私物化していた（「サムエル記」上二・一二―一七）。

こうした時期に、ペリシテ人はイスラエルを攻撃した。イスラエルは、神の現臨を象徴する「神の箱」を持ち出して応戦したが破れ、エリと二人の子供たちは戦死して、「神の箱」は奪われた。シロのあるエフライムの中央高地は占領され、部族連合は絶体絶命の状態になった（「サムエル記」上四章）。この危機的状況に直面して、サムエルは預言者として、また戦士、裁き人としてイスラエルを救助するために立ち上がったのである（「サムエル記」上三・二〇―二一、七・三―一七）。

## サウル王国の成立

サムエルは一時ペリシテの攻撃を押し戻し、平和を回復したとされているが、その息子たちは父のようではなかった（「サムエル記」上八・一―三）。エリの場合も、サムエルの場合にも、士師の職務の世襲化の傾向と、それに対する反発が見られる。

預言者の職務の世襲化は不可能であるとしても、「士師記」において士師の世襲化の問題は、ギデオンの場合にだけ認められたが、ギデオン自身は世襲化を否定しており、その子アビメレクの王位僭称は許しがたい暴挙だった。しかし、サムエルの晩年にイスラエルの長老たちは、サムエルのもとに来て、イスラエルを裁く王を立てるように求めた。

サムエルはこの要求に対して、ヤハウェとその預言者である自分に対する背信として強く反発したが、神に祈ると、神はこの要求を出エジプト以来のイスラエルの背信行為の一環だとしながらも、一種の必要悪としてこれを容認するようサムエルに命じた（「サムエル記」上八・六―九）。ただしその際、王が常備軍と官僚制を持つ支配体制を形成すれば、そのことは自営農民であるイスラエル民族の奴隷化につながると警告するだけでなく、密かにイスラエルの王たるもののあるべき姿を指示したと思われる（「サムエル記」上八・九）。

## 油を注がれたサウル

彼は、ベニヤミン族の名門であるキシュという人物の子サウルを選出した。彼はサウルが偶然近くを通りかかった機会をとらえ、この若者をあらかじめ集めておいた三十名の人物に紹介して食事をともにし、その夜は彼と語り明かした。サムエルは翌朝、サウルを町はずれまで送り出して、彼の頭に油を注ぎイスラエルの王として指名し、その日のうちに三つのしるしが起こることを告げた（「サムエル記」上九・一―一〇・八）。

油を注ぐという行為は、その後王の任命の儀式となったが、神の保護と祝福を約束する儀礼で、神的カリスマの授与を意味している。これが後代のメシア思想の源泉となったことは、すでに第Ⅰ章の「一　古代イスラエル民族」の項で述べた。これに加えておきたいことは、本来カリスマ的なメシアは軍事力によらず、自己を犠牲にして民を救う指導者であるべきだということである。

三つのしるしの一つとして記されていることは、ギブア－エロヒム（「神の丘」の意）の町に入ると、一団の預言者が、琴、太鼓、笛、竪琴などを使い、恍惚状態になって聖所のある高台から下りてくるのに出会い、サウル自身も恍惚状態になって預言したということである。このような預言者団の実態が、どのようなものであったのかよくはわからない。ただギブアには、まだペリシテの守備隊が駐屯していたとされており（「サムエル記」上一〇・五）、一種の示威行為でもあったのであろう。いずれにせよ、このことは神の霊の働きと解され、サウルが預言者によって油を注がれ、神のカリスマを与えられた証拠とされたのである。

まもなく、サムエルはミツパに民を召集し、サウルを王として紹介した。民は「王様万歳」と歓呼の声をあげて迎えたが、拒否するものもあった（「サムエル記」上一〇・二七）。サウルが王位を確立したのは、ヨルダン東岸のギレアドの町ヤベシュがアンモン人に包囲された際、全土から民兵を召集して町を救った時から後のことである（「サムエル記」上一一章）。

## サムエルとサウルの対立

サウルは預言者サムエルの指名と支持によって王となったが、両者の協調関係は長く続かなかった。サウルは、依然としてパレスチナの中央高地を占領しているペリシテ軍と決戦を挑もうとして兵を集め、その出陣の儀礼を行うためサムエルの到着を七日間待ったが、ついに待ち切れず自ら儀礼を執行してしまった。そこへサムエルが到着して、サウルの行為を許しがたい越権として非難した（「サムエル記」上一三・八―一五）。しかしサウルは、その子ヨナタンの活躍もあって、ようやくペリシテを中央高地から排除することができたのである（「サムエル記」上一四章）。

両者の対立は、アマレク人との戦いの後に決定的となった。サムエルは、サウルに対して出エジプト以来の敵であるアマレク人を徹底的に滅ぼすことを命じた（「サムエル記」上一五章）。これは、いわゆる「聖戦」の観念によることであったが、アマレク人を神ヤハウェの敵として絶滅せよという命令である。ここに民族主義と結びついた場合の宗教の恐ろしさがある。預言者サムエルの命令はそのような危険を象徴している。サウルは指示にしたがって出陣し、アマレク人を攻撃してアマレク人の王アガグを捕虜とし、多くの戦利品を得て戦勝碑すら建てて凱旋した。

しかし、この行為はサムエルにとっては戦争の世俗化であり、ヤハウェの命令からの逸脱であった。サムエルは激しくサウルを叱責し、王位から退けるとしたうえでアガグを殺させた。サムエルの態度はサウルを精神的危機に追い込み、二度と完全に立ち直ることを許さなかった。預言者サムエルとイスラエル最初の王サウルとの関係は不幸な結末を迎えた。そして、サムエルは二度とサウルと会うことはなかったと記されている（「サムエル記」上一五・三五）。

# 五　ダビデの政策と預言者ナタン

## ダビデの登場

「サムエル記」によれば、サムエルはサウルを退けた後、すぐに彼に代わって王となるべき者を選ぶため、神の指示にしたがってユダのベツレヘムに下り、少年ダビデに油を注いだという（「サムエル記」上一六・一―一三）。しかし、このことは史実ではないであろう。後に王となったダビデの威信を高めるために創作されたフィクションと考えるべきであろう。ダビデがサウルに仕えたのは、サムエルに拒否されて精神に異常をきたしたサウルを、琴を奏でて慰めるためであった（「サムエル記」上一六・一四―二三）。

しかしダビデが予想以上の武勲を立てると、サウルの嫉妬を買って逆に命を狙われるようになった。その結果、ダビデは一時イスラエルの敵であるペリシテの町ガトの王アキシのもとに逃れて家臣になったことすらある（「サムエル記」上二七章）。こうした過程の中で、ダビデは権力に対しては非合理的なまでに拒否的なヤハウェ宗教の問題性を学んだのであろう。

しかし、すでに二百年以上の歴史を持つヤハウェ宗教は、それなりにイスラエル民族の中に浸透しており、容易には王制を積極的に受容する態度を生み出すことはできなかった。イスラエルを支

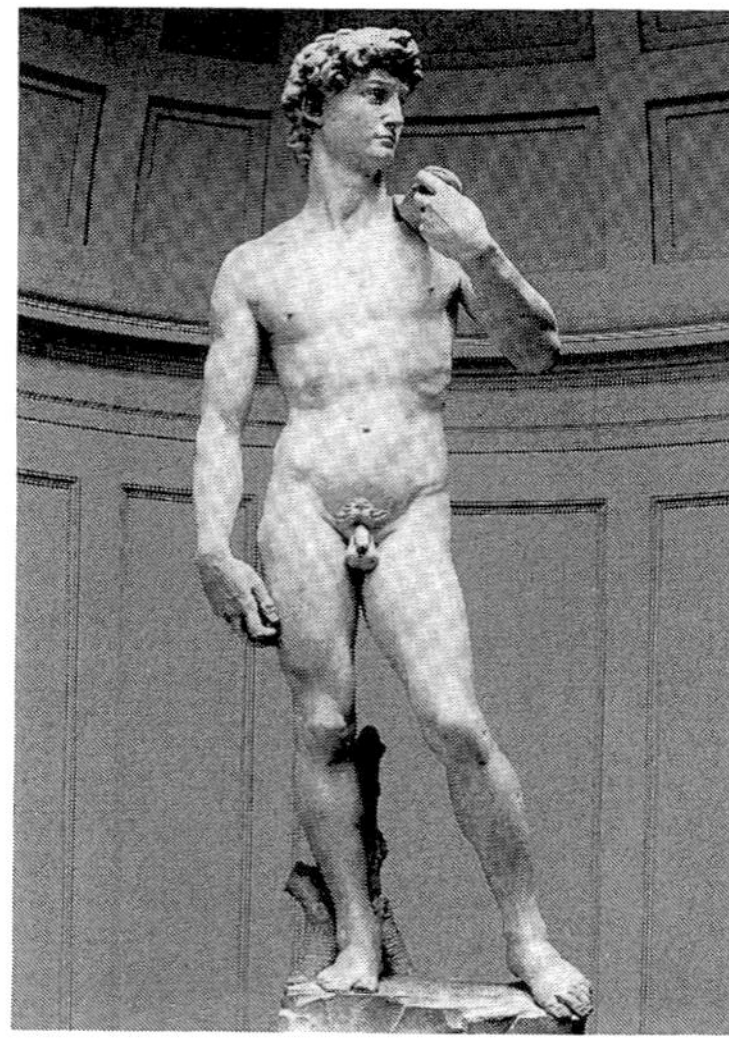

ダビデ／アカデミア美術館

配するのは神ヤハウェだけであるという信仰が、まったく失われてしまったわけではなかったからである。

王の神格化はしないまでも、神による王の選びという信仰が、王制の安定のためにはやはり不可欠であった。したがってダビデは、みずから王権を奪取したという印象を極力避け、預言者サムエルに油を注がれた王としてのサウルの立場を尊重するだけでなく（「サムエル記」上二四、二六章など）、自分もまた神に選ばれ、預言者サムエルに油を注がれた王であることを示さなければならなかったのである。

また、デボラの歌に見られるように、いまだにヤハウェは遠くシナイに住む神という表象が生きていたので（「士師記」五・四―五）、ダビデは、エブス人から奪った都市エルサレム（「サムエル記」下五・六―一二）を都としてここを聖所と定めた時に、ペリシテに奪われていたヤハウェの現臨を象徴する「神の箱」を運び込んで、王国の聖所をヤハウェ宗教の伝統に結びつけようとしたのである（「サムエル記」下六章）。

このようなダビデの配慮は王位の安定に役立ち、エルサレムは永遠の都であり、ダビデとその子孫は、代々イスラエルの王位に就くべき者として選ばれているという立場がかなり広く承認されるようになった。

この立場を神の意志として告知したのは、預言者ナタンであった。エルサレムとダビデ王朝の選びを告げた言葉は、「ナタン預言」と呼ばれている（「サムエル記」下七・一―一七）。この立場は、必ずしもイスラエル諸部族のすべてに受容されたわけではなく、ソロモンの圧政の後、北の諸部族はこれを拒否してダビデ王朝の支配から分離独立した。しかし、エルサレムとユダ王国ではその後も長く継承されて、ユダヤ教団の時代に及んでいる。

## ナタンとダビデ

預言者ナタンは、このようにダビデの支配を強力に支持した宮廷預言者であるが、ダビデがヒッタイトの傭兵ウリヤの妻バト＝シェバを奪って妻にした時、その罪を暴露して厳しくダビデを叱責している（「サムエル記」下一一・一―一二・二三）。

この事件は、ダビデの罪の深さとともに、預言者の譴責《けんせき》の厳しさとダビデの懺悔の率直さのゆえに、かえってダビデを理想の王、メシアの原像として印象づけるのに役立ったとも言える。イスラエルにおいては、必ずしも武勇や知恵が王の資質として一方的に評価されるのではなく、人間的弱さと謙虚さがかえって重要であるとする傾向が生み出されていたと言えるであろう。

## 晩年のダビデ

バト＝シェバの事件以後のダビデの生涯についてはいわゆる「ダビデの宮廷史」（「サムエル記」下九—二〇、「列王記」上一—二章）に詳しいが、王としてのダビデの後半生は、政治的指導力を失った無力な王として描かれている。その子アブサロムにエルサレムを追われ（「サムエル記」下一五章以下）、ヨルダン東岸のマハナイムに難を逃れた後、ようやく帰還すると、まもなくベニヤミン人シェバの反乱があった（「サムエル記」下二〇章）。政治的判断力を失っていた晩年のダビデは、国民軍の長ヨアブの反対を押し切って、強引にイスラエルの人口調査を行っている（「サムエル記」下二四章）。これは、戦争に召集可能な男子の数を知り、人頭税を徴収する基礎とするためであり、当然民衆の強い反発が予想された。反対はしたが、これを実施するのはヨアブの責任であった。彼は全国を回ったが、調査には九カ月と二十日間を要したという。

しかしこのことは、預言者ガドによってヤハウェの意志に反することと判定された（「サムエル記」下二四・一一以下）。かつてモーセはシナイで人口調査を行い（「民数記」一章）、荒れ野の旅の途上で二度目の人口調査を行っている（「民数記」二六章）。神の民イスラエルを支配するのはヤハウェであり、人口の調査を許されるのは預言者（としての民の指導者）だけである。同じ記事は、「歴代誌」（上二一・一）によれば、サタンの誘惑によってダビデが人口調査をしたと解されている。イエスの荒れ野の誘惑の三つ目は、サタンを拝めば世のすべての国々を与えるというものだった（「マタイ」四・八—一〇）。『旧約聖書』では、早くから人間の支配欲は、悪魔的なものとされていたのである。

ダビデの最晩年に、アブサロムの次に生まれたダビデの子アドニヤが王位を僭称した。彼を支持したのは将軍ヨアブと、古くからの祭司アビアタルだった（「列王記」上一・五―七）。これに対抗したのがバト＝シェバから生まれたソロモンであり、支持したのはダビデの近衛兵の長ベナヤと、ダビデがエルサレムに入ってからの祭司ツァドクだった。預言者ナタンとバト＝シェバはダビデを説得して、ソロモンを後継者に指名させ、ソロモンはアドニヤのグループを排除して支配権を確立したのである（「列王記」上一―二章）。

## 六　ソロモンの圧政と北イスラエルの独立

### ソロモンの即位

ソロモンの即位に際して、ダビデは祭司ツァドクと預言者ナタンに、ソロモンに油を注ぐように命じている（「列王記」上一・三四）。ただし、儀礼を執行したことについては、祭司ツァドクの名のみがあげられている（「列王記」上一・三九）。いずれにせよ、すでに油を注ぐ行為のカリスマ性は失われ、王位継承儀礼の一つとなり、王に対する預言者の権威の超越性も失われて、宮廷政治に介入する宗教家としての姿を示すだけと言わざるをえない。

ソロモンの治世についての記事は、「列王記」上三―一一章に見られるが、彼の事業の中で最大のものは、エルサレムの神殿と王の宮殿の建設だった。彼の治世は四十年に及んだとされているが（「列王記」上一一・四二）、神殿の建築に七年、宮殿の建築に十三年、合計二十年をかけたとされている（「列王記」上六・三八、七・一、九・一〇）。彼は、みずからダビデの正統の後継者であり、神殿建設の事業を神から託されたとして、ナタン預言に言及しながら、神が依託されたことを繰り返し主張している（「列王記」上六・一二、八・一六、九・五、一九、二四など）。

しかし、これらの諸事業を実行するためにソロモンが行った政策は、ほとんどイスラエルのエジ

幼児ソロモンと母／システィーナ礼拝堂

プト化とも言うべき圧政であった。その最大の措置は、北イスラエルの十部族を、徴税組織としての十二県に分けたことである（「列王記」上四・七―一九）。これは、肥大した宮廷に必要とされる莫大な費用を調達するためとされているが、かつての部族の自治権や、部族と家族ごとに割り当てられた土地の占有権（ヘブル語でナハラーと呼ばれ、相続権を伴う占有権である。ナハラーは「嗣業」と訳されている）は、この制度の導入によってほとんど有名無実となったはずである。このような県制度は、エジプトで統一王国の基礎的制度として古くから行われていた。ソロモンは大国エジプトから王妃を娶《めと》り（「列王記」上三・一）、エジプトの支配体制をイスラエルに導入したのである。

## ソロモンの強制労働

次にソロモンが行ったことは、労役とか荷役と呼ばれる強制労働である（「列王記」上五・二七―二九）。「労役」を表すヘブル語はマス、「荷役」はサッバールあるいはセーベルというが、いずれも「出エジプト記」（一・一一、二・一一、五・四―五、六・六―七）において、エジプトの労役を指している用語である。ソロモンが動員した労役は三万人、荷役は七万人、山で石を切り出す労働者が八万人と記されている。ただし、奴隷として労役に服させたのは先住民だけで、イスラエル人は一人も奴隷にしなかったとしているが（「列王記」上九・二〇―二二）、奴隷身分としてではなくても、強制労働としての賦役は、自由民をも奴隷的状態に陥れたであろう。ソロモンの圧政と言わざるをえない。

これに逆らったのは、エフライム族のヤロブアムだった。彼はツェレダの出身で、母は寡婦だったという（「列王記」上一一・二六）。寡婦の子は容易に債務奴隷の立場に陥る。寡婦の子として彼は労役に駆り出されたが、その能力を認められ、ヨセフ族の労役全体の監督に任命されたという（「列王記」上一一・二八）。ヨセフ族というのは、「ヨセフの家」という表現になっているので、北イスラエル全体の労役と解すべきであろう。

彼を支持したのはシロの預言者アヒヤであった。ヤロブアムの郷里ツェレダが、エフライムのツェレーダーという名の泉と関係があるとすれば、シロの西方約二十キロメートルにある小さな村だった。シロとツェレダの間にはほとんど町らしいものはない。アヒヤが道で彼と出会った時、野には二人のほかだれもいなかったという（「列王記」上一一・二九）。

しかし、ヤロブアムの反抗はソロモンの知るところとなり、彼はエジプトに亡命した。ソロモンが王妃を迎えたエジプト第二十一王朝はその時すでに滅んでおり、イスラエルに敵対的なリビア人の第二十二王朝に代わっていた。王シシャクはヤロブアムを保護し、彼はそこでソロモンの死を待つことになった（「列王記」上一一・四〇）。

## ヤロブアムのつまずき

ソロモンの後を継いだのはその子レハブアムだった。この時、北イスラエル諸部族の代表がダビデ王朝との契約関係を更新するためシケムに集まり、レハブアムもそこに出向いたという（「列王記」上一二・一）。そこにヤロブアムが呼び戻された。北イスラエルの人々は労役の軽減を求めたが、レハブアムは耳を貸さなかった。そこで彼らはダビデ王朝の支配を拒否して、ヤロブアムを王としたのである（「列王記」上一二・二―二〇）。

北イスラエルの人々は、ソロモンの圧政から解放されるという願いでは一致したが、ダビデ以来七十年もの間、ヤハウェ宗教の象徴としての「神の箱」が置かれている聖所エルサレムとの関係をどうするかは難しい問題であった。ダビデ王朝の都エルサレムは、すでに長い間ヤハウェ宗教と固く結ばれていたからである。

ヤロブアムは、やむなくベテルとダンの聖所に、ヤハウェの象徴として「金の子牛」を置いた（「列王記」上一二・二五―三三）。このことはヤロブアムの支配にとって致命的な失敗となった。もともと、カナンの主神バアルは多産の象徴として牛で表されていた。おそらくヤロブアムの意図は、「神の箱」に代わる神の足台として「金の子牛」を置いたのだろうが、それはヤハウェ宗教の土台としてバアル宗教を置いたと等しいことであった。これに対する預言者アヒヤの拒否は当然であった。また、ヤロブアムはヤハウェ宗教の厳格な担い手であるレビ人を排除して、王の任命によってレビ人ではない人々をベテルとダンの祭司とした。

こうしてヤロブアムの支配は、ヤハウェ宗教の担い手としての預言者とレビ人から否定される結果になった。結局北イスラエルには、ダビデ王朝から独立した王国が成立したが、王朝原理を確立させることはできなかった。ヤロブアムの子ナダブがその後を継いだが、わずか在位二年で将軍バシャによって殺された（「列王記」上一四・二〇、一五・二五―三〇）。このバシャも二十余年支配して死んだ後その子エラが後を継いだが、まもなく将軍ジムリに殺された（「列王記」上一六・八―一〇）。いずれも、「ヤロブアムの罪」と表現されている宗教政策のゆえに、預言者が告げた審判預言が成就したものと解されている（「列王記」上一五・二九―三〇、一六・一―四）。

北王国に多少とも安定した王権が成立したのは、オムリがサマリアの山を買い取って、ここを都と定めた時からである（前八七〇年頃、「列王記」上一六・二三―二六）。オムリ王朝は、四代三十数年の命脈を保ったにすぎないが、サマリアは北王国の滅亡（前七二二年）に至るまで、その都であっただけではなく、アッシリア時代以後も、長くその地域の行政府としての位置を保ち続けた。サマリアは、北イスラエルの都としての条件を十分に備えていたのである。

# 七　預言者エリヤと王アハブの対決

預言者エリヤの活動を記した物語は、「列王記」上一七―一九、二一、下一―二の六章に及んでいる。なかでも最も重要なのは、王アハブとの対決を記した一八章と二一章である。この二つの章を中心に、エリヤとアハブの対決の問題を検討してみよう。

## バアル宗教の導入

すでにこれまで、ヤロブアムに対しては預言者アヒヤが、バシャに対しては預言者イエフが審判の言葉を語ったことを見てきたが（「列王記」上一五・二九―三〇、一六・一―四）、彼らの罪は、ヤロブアムの造った「金の子牛」に象徴されていた。それはいわば、ヤハウェ宗教をバアルの象徴である「金の子牛」に乗せたようなもので、シナイの啓示に遡る本来のヤハウェ宗教を回復するには、この土台を撤去するほかはないと預言者たちは考えていたのである。

しかし、「列王記」に繰り返されるこの見方は、バビロン捕囚後の編集者である「申命記学派」の思想と一般には考えられている。ただし、同じ見方はすでに前八〇〇年頃、「金の子牛」をシナイにおけるイスラエルの原罪的な行為（「出エジプト記」三二章）、としている北イスラエルで活動した「エロヒスト」と呼ばれる伝承の担い手であるグループにも、また、前八世紀の中頃から活動を始めた預言者ホセアにも見られる。このように、「金の子牛」の問題性を自覚していた人々は古くからいたのである。しかし、北イスラエルの諸部族の生活は、ソロモンが導入した十二県制度による搾取によって深刻な荒廃に陥っていた。多くの人々は奴隷的な賦役に駆り出され、民衆は半奴隷的状態に陥っていた。ソロモンが死んで、北イスラエルはようやく政治的にダビデ王朝の軛《くびき》から脱したものの、ただちに社会的・宗教的に堅実な自立が回復されたとはとうてい考えられない。

ヤロブアムが、ダビデ王朝の聖所であるエルサレム神殿の「神の箱」に対抗できる宗教的象徴を求めた時、「金の子牛」のほかに何が考えられたであろうか。それがヤハウェ宗教に対する許しがたい罪であるとしても、政治権力は結局、経済力に基礎を求めるものではないだろうか。出エジプトの神も、生産力の足台に立って進まなければ、イスラエルを導くことはできないのではないか。

都をティルツアからサマリアに移したオムリは、フェニキアと同盟して北王国の土台を「金の子牛」の上に据えるだけでなく、進んでフェニキアのバアル宗教を導入する門戸を開いたのである。そのことは、オムリの後を継いだアハブが、シドン人の王エトバアルの娘イゼベルを王妃として迎え、サマリアにバアルの祭壇を築いたことによって顕在化するに至った（「列王記」上一六・二九―三三）。

## 最初の対決は何か

エリヤの物語はいきなり、エリヤがアハブに向かって神の審判としての旱魃《かんばつ》を宣言することで始まっている（「列王記」上一七・一）。続いてエリヤの逃避行が述べられ、その場面で三つの奇跡物語が記されている（「列王記」上一七・二―二四）。三年目にエリヤは、再び神の命を受けてアハブの前に姿を現し、カルメル山上でバアルの預言者たちとの対決に臨んだ（「列王記」上一八章）。しかし、これがエリヤとアハブの最初の対決だったのであろうか。このように公然と行われた対決の後に、なおアハブは密かにナボトのぶどう畑を奪うようなことをしたのだろうか。そうではなく、この配列はエリヤの後継者をもって任ずるエリシャが将軍イエフを立ててオムリ王朝を倒した時、その目的として掲げたのは北王国からバアル宗教を一掃することであり、またイエフ革命の記事においても、残酷きわまるバアルの礼拝者の一掃が記されている（「列王記」下一〇・一八―二七）のに対応して、エリヤ物語においても、これを第一の対決として位置づけ、ナボトの事件（「列王記」二一・一―一六）を後にまわしたものであろう。

## ナボトのぶどう畑

ナボトの事件のあらましは、次のようである。アハブの父オムリはサマリアに都を築いた。サマリアは北王国の都として十分に機能する条件を備えていた。しかし、サマリアはイスラエルの主要な街道からはずれた山地にあった。交通の便と地中海の温風が吹き込む場所として、イズレエル平野の中央にあるイズレエルの町は冬の離宮を設置するのに最適であった。アハブはすでにそこに宮殿を持っていたが、それを拡張するために隣接する土地を購入しようと思ったのである。そこで、隣接地の所有者であるナボトに申し入れたが、誇り高い自営農民の彼は、「先祖から伝わる嗣業の土地を譲ることなど、主にかけてわたしにはできません」と断固として拒否したのである（「列王記」上二一・三）。彼は古風なヤハウェ主義の伝統をひく農民であった。アハブは不快に思ったが、イスラエル古来の嗣業の権利の重さを知っていたので、それ以上の要求をあえてしなかった。

ところがフェニキアから来た王妃イゼベルはアハブの態度を軟弱とし、奸計をもってこの土地の奪取を企てたのである。すなわち、イゼベルは王の名をもってイズレエルの長老と貴族に手紙を書いた（「列王記」上二一・八）。――「貴族」と訳出されているヘブル語（ホール）は、「自由民」と訳したほうが適切である――ここに見られるのは、イスラエルにおける王と自由農民との対決である。イゼベルは、強引に彼らをして、ナボトは神と王を呪ったと偽証させ、彼を殺すように命じたのである。イズレエルの長老と有力者たちは、王の命令の前にもはや自由民としての立場で振舞うことができず、ナボトを石打ちの刑にしてしまった。ナボトが王の命に背いたことを、神を呪ったこととしたのである。イゼベルはアハブにナボトが死んだことを告げ、ただちに土地を収容するように勧めた。

アハブが土地を収容するために出かけると、そこにエリヤが待っていて彼に告げた。「主はこう言われる。あなたは人を殺したうえに、その人の所有物を自分のものにしようとするのか」(「列王記」上二一・一九a)と。ここまでがこの物語の元来の部分である。そこから物語は、一七・一の旱《かん》魃《ばつ》の宣言に続いていると見るべきだろう。

無実の罪によって自由民が殺されるなら、当然殺人を行った者に対しては神の審判が下る。このような罪に対する審判は、通常は旱魃、疫病、外敵という三つの大きなカテゴリーの中から下される(例えば「サムエル記」下二四・一二―一四)。こうして下された旱魃という審判をめぐって、エリヤとアハブの第二の全面的な対決が展開されることになったのである。

## カルメル山上の対決

エリヤとアハブの対決は、おそらくナボトのぶどう畑の事件以前に始まっていたのであろう。「列王記」上二一・一九bは後の加筆としても、二〇節に「アハブがエリヤに、『わたしの敵よ、わたしを見つけたのか』と言うと、エリヤは答えた。『そうだ。あなたは自分を売り渡して主の目に悪とされることに身をゆだねたからだ』」とあるが、この応酬からは、すでにナボトの事件に至る前にあった両者の対立を思わせる。

フェニキアのシドンからアハブの妃となってイスラエルに来たイゼベルの父は、イトバアルという名であった。それは「バアルとともに」という意味である。外国から迎えられた王妃のために、母国の神を礼拝する私的な聖所を設けることは外交上の慣例となっていた。しかし、イスラエルのヤハウェ主義者がこのことを歓迎するはずはない。ナボトの事件は、都市国家シドンの王家と同盟したオムリ王朝と、イスラエル古来の伝統とが激突した事件であった。アハブの行為は、「殺すな、盗むな、偽証をたてるな」というモーセの十戒の三つの戒めを破っている。ここから、エリヤとアハブの全面的対決が始まり、アハブはエリヤを始めとするヤハウェの預言者たちの迫害に乗り出したのである。

エリヤは三年後、まずアハブの宮廷長であるオバドヤの前に姿を現したが、彼はその名のとおり（「ヤハウェの僕《しもべ》」の意）敬虔なヤハウェの信仰者で、イゼベルが預言者を殺害した時、百人の預言者を救い出したという（「列王記」上一八・四、一三）。その間エリヤは迫害を逃れて、逆にイゼベルの出身地シドンに近いサレプタに身を隠していたのである（「列王記」上一七・八）。

ヤハウェとバアルの対決の場は、エリヤの要求でカルメル山上に用意された（「列王記」上一八・一六―二〇）。四百五十人のバアルの預言者と四百人のアシェラ（フェニキア－カナン系の最高神エルの妻で、豊饒の女神）の預言者が集められた。彼らはそれぞれの神の祭壇に犠牲となった動物を捧げ、どちらの上に天から火が降るかを競うというのが対決の方法であった。カルメル山は、イスラエルとフェニキアの国境の地であり、両国の神々のための祭壇が用意されていた。エリヤが祈る前に壊れていたヤハウェの祭壇を修復したというのは（「列王記」上一八・三〇）、王による宗教的迫害の結果を示すものであろう。

物語は奇跡物語として記されているので対決の実態は正確にはわからないが、バアルの預言者が長時間祈願を試みたが失敗、その後エリヤがヤハウェに祈ると、ただちに天から火が降って犠牲の動物を焼きつくしたという。ヤハウェとエリヤの勝利は明白となったのである。

## 対決の結末

しかし、この対決の結果はそれほど明解であったのだろうか。エリヤはたしかに命を賭けて対決に臨んだことであろう。彼はたった一人で、フェニキアの後ろ楯でイスラエルを支配しているオムリ王朝の体制に挑んで一応の勝利を得たものの、その結果はたして彼は何をなしえたのであろうか。エリヤは、勝利とともにバアルの預言者すべてを捕えて殺させたとされているが（「列王記」上一八・四〇）、これはイエフ革命以後の加筆でしかない。「列王記」上一九・一―二には、それに対するイゼベルの反発が記されているが、これも同様の加筆である。

注目に値することは、上一八・四一―四二aに、エリヤがアハブに向かって「上っていって飲み食いしなさい」と言ったことである。これは、カルメル山上の対決がヤハウェ契約をめぐる王と預言者の対決であったことを示唆しているが、その対決の後には、王と預言者の和解が準備されていたと理解できるのではないだろうか。

かつてイスラエルの先祖ヤコブは、おじのラバンと仲違《なかたが》いして、ハランの地から夜逃げをしたが、国境のギレアドで追いつかれ、論争のあげく和解した。両者ともに石塚を築いてそれぞれの神に犠牲の動物を捧げ、一族を招いて食事をともにしたと記されている（「創世記」三一・四三―五四）。

カルメル山上の対決も同様で、仮にフェニキアではバアルが神であるとしても、イスラエルではヤハウェを神とすべきであることが確認されたというのが、エリヤの勝ち取った成果とするのが現実的な解釈だと思われる。エリヤのアハブに対する闘争は厳しいものではあったが、あらかじめ和解の準備がされていたと解釈することができるのではないだろうか。「列王記」上一八・四二に、「アハブは飲み食いするために上っていった」とされている。カルメル山上で与えられた「しるし」が何であったのかは別として、民はひれ伏して「主こそ神です。主こそ神です」と叫んだのである（「列王記」上一八・三九）。

これは、前述の「上っていって飲み食いしなさい」という言葉とどうつながるのだろうか。その答えは、おそらく「列王記」上二一・二七―二九に見いだせるだろう。二七節に、「アハブはこれらの言葉を聞くと、衣を裂き、粗布を身にまとって断食した。彼は粗布の上に横たわり、打ちひしがれて歩いた」と記されており、さらにエリヤはアハブに神の赦免を告げている。このことが両者の和解を可能にさせたと思われる。このような事情は、イエフ革命後、両者の対立を回復不能とする立場からの加筆によってほとんど抹消されているが、その痕跡を残しているのである。

## 預言と王国の妥協

エリヤとアハブの一定の和解のしるしは、アハブが神の前にへりくだったので、神は彼の生きている間は災いをくださないと言ったことに示されている（「列王記」上二一・二九）。これは、明らかに上二一・一九bに記されている決定的な審判の言葉とは違っている。一九bは、アハブがアラム軍との戦争で死んだ時の状況を示す言葉（「列王記」上二二・三八）の事後預言として加筆されたものと思われる。

上一八・四四―四五で、エリヤはアハブに上っていって飲み食いするように言った後で、今度は激しい雨が降ってくるから急いで馬車で下山するようにと勧めた。エリヤ自身は裾をからげてイズレエルに向かい、アハブの先を走っていったと記されている。エリヤがイズレエルに向かってアハブの先を走っていったのはなぜなのか。アハブの宮殿で対決を続行するためと考えることはできないだろう。

当時、北王国の宗教的・社会的な矛盾対立をいくらかでもやわらげ、相争うグループの間で和解の道を探るためには何が必要とされたのだろうか。アハブの治世は二十二年と数えられており（「列王記」上一六・二九）、彼が隣国アラム（シリア）との戦いで死んだのは、カルメル山上の対決から何年後のことであったのかは確かでないが、エリヤ伝の「ナボトのぶどう畑」の結末には、神の言葉として「わたしは彼が生きている間は災いをくださない」（「列王記」上二一・二九）とされており、両者の間に一定の妥協が成立したことを示している。

この一定の妥協とは、具体的にはどのような形をとったのだろうか。それはオムリ以来、イスラエルにカナン的な宗教と社会のあり方が強引に導入されてきたことに対して、イスラエル古来の伝統を回復させることによって、北イスラエルのカナン化に一定の歯止めをかけようとする試みとなり、その試みは、「契約の書」（「出エジプト記」二〇・二二—二三・三三）という世俗法と宗教法を組み合わせた律法の書に結実したのではないかと思われる。

## 「契約の書」の性格

ヤロブアム以来、北王国の聖所はベテルとダンに置かれていた。これらの聖所にはバアル宗教と深く結びついた「金の子牛」があり、ヤハウェ宗教の伝統に忠実な人々の批判の対象とされていた。しかし、当時もイスラエルの古い聖所であるシケムがまったく捨てられていたわけではない。またシケムには、ヨシュアの時に結ばれたヤハウェとの契約以来、ヤハウェ宗教の法的伝統が保たれていた（「ヨシュア記」二四・二五）。

「契約の書」は、一般的には北イスラエルで、前九世紀の後半以降にエリヤの活動に刺激され、古いヤハウェ宗教の伝統を継承する「エロヒスト」と呼ばれるグループによってまとめられたと考えられている。その冒頭に記されている「祭壇の規定」（「出エジプト記」二〇・二四—二五）は、土ないしは自然のままの石で造るように定めている。これは、明らかにシケムの聖所の祭壇の様式である（「申命記」二七・五—六、「ヨシュア記」八・三一）。そしてシケムは、レビ人の活動の中心でもあった（「申命記」二七・九、一四、「ヨシュア記」八・三三）。

「契約の書」は、このような背景ゆえに、モーセの律法の一部として十戒の後に置かれたと思われる。しかしこの法典は、モーセの律法の中でほとんど唯一、世俗法を主体としている。しかも、これらの世俗法は主としてカナン法を受容したものであり、最初の一群の世俗法は（「出エジプト記」二一・一―一一）、債務奴隷の問題を扱っている。すでに北イスラエルでは、ソロモンの圧政によって多くの債務奴隷が生まれていた。また、奴隷の扱いについても規定されている（「出エジプト記」二一・一八―三二）。奴隷を打ちすえてその場で死なせた場合は必ず罰せられるが、一両日でも生きていた場合は罰せられない。それは奴隷が自分の財産だからだとしている（「出エジプト記」二一・二〇―二一）。実に苛酷な法と言わなければならない。しかし、ソロモンはその治世においてすでに多くの先住民を奴隷にしていた。奴隷が労役に従事する時、一体どれほど彼らの人命が尊重されたのであろうか。ほとんど財産以下の扱いであったに違いないだろう。

エリヤは、自由民であるナボトの死ゆえに、王アハブと対決することを辞さなかったし、また、サレプタで出会った寡婦とその子の命を救った（「列王記」上一七・八―二四）。「契約の書」には、寡婦や孤児に対する人道的な規定があるが（「出エジプト記」二二・二一―二三）、奴隷制が否定されているわけではない。債務奴隷は完全に自由民の資格を喪失するのではなく、借金が払えなくなった時、一定の期間労役に服すものである。「契約の書」ではその期間は六年である（「出エジプト記」二一・二）。

この書の人道的部分では、貧しい人から利子を取ることを禁じている（「出エジプト記」二二・二四）。しかし一部で債務奴隷を認めているのだから、利子の禁止は後からの加筆であろう。後の「申命記」では、やはり債務奴隷の制度を認めてはいるが、七年目に解放する時は「惜しみなく贈り物を与えよ」と命じている。このことはたしかに大きな進歩ではあるが、『旧約聖書』の時代には、ついにこのような社会的差別がなくなりはしなかったことは明白である。エリヤとアハブとの対決は、当然この次元にまでは及んでいない。

エリヤの後継者であるエリシャの預言者団に属する人々のほとんどが貧しく、「エリシャ伝」の中には、預言者団の仲間の一人が死ぬと、債務者が来て二人の子供を奴隷にしようとしたことが記されている。この時エリシャは、奇跡を行って借金を返せるようにして問題を解決したが、債務奴隷の制度そのものは否定していない（「列王記」下四・一―七）。このような体制でも国の存続を擁護するのは民族主義と言われても仕方ないが、このような体制自体がヤハウェの意志ではないと考える方向は、ようやく古典期以後の預言者によってはっきりと主張されるに至ったのである。

# 八　イエフ革命とエリシャの預言者団

## イエフ革命

エリヤとアハブの対決からイエフの革命に至る過程は、決して明瞭ではない。アハブの後に王となったその子アハズヤもヨラムも、たしかにその名にヤハウェの名を含んでいる。アハズヤとは、「ヤハウェは捉える」という意味で、ヨラムとは、「ヤハウェは高い」という意味である。エリヤは、アハズヤの治世にはまだ生きており、アハズヤが病気になった時、彼が治癒神であるペリシテ人の町エクロンのバアル＝ゼブブに使者を送ったことを批判している（「列王記」下一章）。

エリシャはエリヤの後継者であることを強調しているが（「列王記」上一九・一九―二一、下二・一―一八）、ヨラムの治世におけるエリシャのヨラムに対する態度は明瞭ではない。ヨラムについては、とにかく「父が造ったバアルの石柱」を取り除いた（「列王記」下三・二）と記されており、ヨラムとユダの王ヨシャファトが同盟してモアブと戦った時、エリシャは求められて戦いの勝利を約束したが、結果は逆にイスラエルの敗北に終わっている（「列王記」下三章）。

エリシャの預言者団については、「列王記」下の中で五章に渡ってかなり多くの物語が集められている（「列王記」下四・一―八・一五）。その後にイエフ革命についての記事（「列王記」下九・一―一〇・二七）があるが、エリシャの預言者団の物語は、イエフ王朝になってから以後の時代のものであろう。

エリヤは、アハズヤの治世（前八五二―前八五一年）に世を去ったと思われるが、その死は火の馬に引かれた火の戦車に乗って天に駆け上がったというもので（「列王記」下二・一一）、この奇跡的物語は、後の時代に「エリヤの再来」という終末的希望の源泉となったのである（「マラキ書」三・二三―二四）。

その後、比較的長いヨラムの治世（前八五一―前八四五年）を経てイエフが革命を起こし、アハブの妻イゼベルはもとより、王ヨラムとその一族の者すべて、アラムとの戦争をともに戦っていたユダの王アハズヤの身内の者四十二人、さらにバアルの神殿に満ちるほどに集められたバアルの礼拝者をすべて殺したというのである（「列王記」下九・一四―一〇・二七）。ユダにおいては、逆に王アハズヤの母で（「列王記」下八・二六）、アハブとイゼベルの娘であったアタルヤが王位を奪い、王家の一族を皆殺しにしようとしたという（「列王記」下一一・一）。

このようにイエフ革命は、政治と宗教が未分化のまま、国際的な次元で激しい殺戮の応酬を繰り広げる結果になったのである。

イエフに油を注いで王としたのは、エリシャによって派遣された預言者団の仲間の一人だった（「列王記」下九・一―一〇）。イエフの革命は、こうしてエリヤの名のもとにヤハウェ宗教の徹底を旗印として実行されたが、軍人であるイエフの政治的野心と長期的展望を欠く外交政策と深く結びついており、結果的には、ヤハウェ宗教がイエフ王朝の狭い民族主義の立場と同一視される傾向を招いたことは否定できない。

イゼベルを殺したイエフ（前八四五―前八一八年）は、フェニキアとの関係を断ち切るほかはなかったであろう。またイエフは、隣国ダマスコに即位したハザエル（「列王記」下八・七―一五）に対抗して、背後にあるアッシリアの王シャルマネセル三世に朝貢し、逆にハザエルの攻撃を受けてヨルダン東岸のほぼ全域を侵略されるという危機を招いたのである（「列王記」下一〇・三二―三三）。

イエフの時代からヨアハズの治世（前八一八―前八〇二年）を経てヨアシの時代（前八〇二―前七八七年）に至るまで（「列王記」下一三・一―一三）、エリシャを頭とする預言者団は、様々な方法でイエフ王朝を支え、破滅を救うのに貢献したと思われる。エリシャを死の床に見舞った王ヨアシは彼の面前で、「わが父よ、わが父よ、イスラエルの戦車よ、その騎兵よ」と言って泣いたと伝えられている（「列王記」下一三・一四）。

## イエフとヤハウェ宗教

しかし、このように王国の軍事政策に預言者団が深くかかわりあうことは、ヤハウェ宗教の民族主義化を招く結果とならざるをえなかった。イスラエル王国の神は、バアルではなく、ヤハウェであるという原則を政治的に確立することは、ヤハウェ宗教にとっては、逆に不幸な事態を招いたとも言えるだろう。「列王記」の編纂者が、イエフはバアルを排除したが、「金の子牛」を退けなかったと批判しているのは正しいと言わざるをえないが、問題の全体を適切に表現しているとは言えないであろう。

## 「金の子牛」の批判

この時代に、シケムを中心として古いヤハウェ宗教の伝統に忠実だった人々が、北王国の聖所に置かれている「金の子牛」に対する批判を記して、モーセの物語に書き加えたと思われる（「出エジプト記」三二章）。シケムでは、シナイ契約の伝承が継承され、モーセの後継者であるヨシュアが契約の締結（「ヨシュア記」二四章）を行ったことを想起する祭りが、おそらく定期的に行われていたと思われる。この伝統を継承するグループの文学的活動の成果を「エロヒスト文書」と名づけているが、「出エジプト記」三二章には、出エジプトの人々がシナイに滞在中、モーセが長く山から下りてこないのを不安に思って、アロンに頼んで「金の子牛」を造らせたという物語が記されている。

モーセは、「金の子牛」の周りで歌い踊る民を見ると、シナイ山上で神から授けられた律法を記した石の板を投げつけて砕いたという。この時レビ人たちは、「金の子牛」を造った人々を殺し、排除したとして称賛されているが（「出エジプト記」三二・二五―二九）、他方モーセ自身は、この人々のために神にとりなしをしている（「出エジプト記」三二・三〇―三五）。その際、モーセは彼らの罪が許されないならば、神の民の名を記した書から自分の名を消し去ることを求めて、民の罪を赦してもらいたいと嘆願している。

この二つの立場がここに併記されていることは興味深い。レビ人たちが、イエフ革命で行使されたような暴力的手段を持っていたとは考えにくいが、暴力を行使してもヤハウェ宗教の純粋性を守りたいという立場はありえたであろう。しかし他方、モーセの姿に象徴される預言者の立場は、逆に罪の罰は預言者が民に代わって受けるが、神に民を滅ぼさないように求めている（「出エジプト記」三二・一一―一四、三〇―三二）。半世紀後に活動した預言者ホセアは、このモーセの立場をさらに明確に前進させて展開していると言ってよいであろう。

# V　アッシリア帝国の興隆と古典期の預言

# 一　預言者アモス

## 預言者アモスの登場

長らくイスラエルを苦しめたダマスコの王ハザエル（前八四五―前八〇二年）は、前九世紀末アッシリアのアダドニラリ三世（前八一〇―前七八三年）に撃たれ、やがてシャルマネセル四世（前七八二―前七七三年）の時代にアッシリア自体も、国内に反乱が起こって勢力が衰えた。その時期になって、北イスラエルの王国はヤロブアム二世（前七八七―前七四七年）の治世の下に最後の繁栄期を迎えた。

「列王記」下一四・二五に、ヤロブアムは「ハマトの入口からアラバの海までイスラエルの領域を回復した」と記されている。「ハマトの入口」というのは、ハマト王国とダマスコ王国の境にある町で、固有名詞としてレボ゠ハマトとすべきだろう（「アモス書」六・一四参照）。この領域はかつてのダビデ゠ソロモン時代に匹敵する支配の拡大である。

しかしこの繁栄は、前八世紀後半に始まるアッシリア帝国の形成に先立つ、一時的な現象でしかなかった。要するに前八世紀の前半は、古代オリエント世界の全般において産業の分化が進み、経済的流通の規模が拡大して、ここに政治的な統一的支配を確立する準備が進んだ時期であった。こ

預言者アモス／ヴァチカン博物館
撮影・提供＝和田幹男

の状況を捉えて、古代オリエント世界全体に及ぶ帝国の建設を志したのは、ティグラトピレセル三世（前七四五―前七二七年）であった。

ヤロブアム二世の治世は、ティグラトピレセルの即位の直前まで続いたが、その治世の後半には、北王国の支配階級は一時的な政治的隆盛と経済的繁栄に酔って安逸をむさぼり、横暴な支配を行って恥じるところがなかった。イスラエルのヤハウェ宗教は、このような支配階級の生活と結びついて堕落し、民族主義的立場を擁護する以外に判断能力を持たない状態であった。

このような時期に、突如として北王国の聖所ベテルに、あるいは都のサマリアに現れて、王国の滅亡という神の審判を告知したのが預言者アモスである。アモス以後の古典期の預言者たちはそれぞれ固有の預言書を残したので「記述預言者」と呼ばれてきたが、彼らの預言は、元来は口頭で語られたものである。その預言内容の重要性から、預言の言葉自体が早くから文書化されて後世に伝えられたのである。

内容の重要性とは、一言で言えばイスラエル民族の神ヤハウェ自身が、イスラエル王国ないしは民族自体を、征服者たちの手によって滅ぼすということである。一つの民族に属している成員がこのような発言をすることは、通常民族の権力が許容しうるところではない。「古典期の預言者」たちは、基本的にこのような発言をあえて行った人たちである。

## アモスの預言

アモスの預言は、古典期の預言の中でも最も古典的なものである。アモスは、ヤロブアム二世の治世に経済的繁栄を背景として、支配階級によって盛大に執行されていた聖所の祭儀を厳しく批判するとともに、サマリアの支配者たちの横暴を国際的な視点から徹底的に糾弾している。彼はイスラエルの民族国家の破滅と捕囚を預言したのである。

このような預言が、まだアッシリア帝国の脅威がほとんど感じられていない時期に、圧倒的な確信とともに語られたことは真に驚くべき事実である。彼は預言の根拠として、神から与えられた五つの幻を記している（「アモス書」七・一―九、八・一―三、九・一―四）。その衝撃的な預言活動のゆえに、彼はベテルの聖所から祭司アマツヤによって追放された（「アモス書」七・一〇―一七）。しかし、彼の預言を聞き捨てにすることは到底許されなかった。それを聞いた人々は、彼の審判の預言が本当にヤハウェから出たものか、その民族の存立を揺がす審判の預言が実現するのかどうか、真剣に問わざるをえなかった。

アモスの預言は、「あの地震の二年前」に示されたと記されている（「アモス書」一・一）。

それから数百年の後にもなお記憶されていたこの大地震は（「ゼカリヤ書」一四・五）、アモスの預言が実現し始めたしるしと考えられた。「アモス書」二・一三の、「お前たちの足もとの地を裂く」という言葉は、この地震との関連を思わせる。アモスの預言が語られたのは、ヤロブアム二世の治世の末期、前七五二年頃のことと思われる。この大地震が襲った後に、ホセアは預言活動を始め、ユダではイザヤもそれに続いた。

おそらくアモスは地震の二年前、春の祭りの時にベテルで、続いて夏にはサマリアで、そしてさらに秋にもう一度ベテルと計三回預言し、その後にベテルから追放されたと思われる。アモスの預言は、ほとんど断言的な審判預言で貫かれている。これが、古典期の預言を特徴づける最大の点である。彼の預言の格調もまた比類を見ないものである。記述預言者アモスは、近代の旧約学者の多くが位置づけたように、預言の歴史の発端に位置するのではなく、すでにその頂点に立っているのである。アモスの預言の歴史性を認めずに後代の作と見做《みな》すのは、その言葉の衝撃的な力を無視するものと言わざるをえない。

## 祭儀批判

アモスの祭儀批判は、あらゆる宗教家を震撼させる力を持っていた。アモスの預言は、イスラエルの宗教の民族主義的偏向を正すとか、祭儀の堕落を警告するなどという良識の域をはるかに越えていた。

彼の預言は、天上における至高の超越者の聖性の威力が、地上で聖を装う俗悪の宗教を根底から否定する響きを持っている。聖と俗の世界のかかわりが濃密な古代社会において、一度聖の世界の堕落が始まれば、その腐敗を止めることはできない。聖の俗化が進むほど聖の装いは濃密となる。この悪循環を断ち切らなければ、権力と宗教が不可分に結合した古代国家の宗教の堕落を止めることはできない。この癒着を断ち切った時に、初めてその宗教の超越性は現実のものとなる。そしてその源に預言者的宗教が存立していることが改めて確認されると言えるだろう。

アモスの祭儀批判は、「アモス書」の四・四―五・二七に集められている。アモスは、その冒頭で次のように言っている。

ベテルに行って罪を犯し
ギルガルに行って罪を重ねよ。
朝ごとにいけにえを携え
三日目には十分の一税を納めるがよい。
感謝の献《ささ》げ物に酵母を入れたパンを焼け。
大声で、随意の献げ物をする、と触れ回れ。
イスラエルの人々よ

それがおまえたちの好んでいることだと
主なる神は言われる。(「アモス書」四・四―五)

これは、預言者あるいは祭司が民衆に与える最も神聖な神の指示(旧約学では通常「トーラー」と名づけている)のパロディである。最も神聖な神の指示としての命令がパロディ化され、聖所ベテルに行って神を礼拝しなさいとすべきところを、「罪を犯し」と変えられている。彼らの宗教行事は、アモスにとってはまさに罪を犯すことにほかならなかった。それ以下に言われていることはすべて、支配階級が捧げる過剰な寄進と供物を指している。それらは神が命じたことではなく、「おまえたちの好んでいることだ」と断定されている。こうして壮重な祭儀は冒頭から完全に否定され、転倒されてしまう。

次に、当時イスラエルを襲った旱魃《かんばつ》と農業上の災害が、かつて出エジプトの時にエジプトを襲った災害のように繰り返されたことを述べている(四・六―一一)。ある学者は、これを救済史のパロディ化と呼んでいる。救済史を逆転する審利を通して、イスラエルはもう一度「自分の神」と出会う用意をすべきである(四・一二)。これがヤハウェの要求であると、アモスは断言している。

### 祭りではなく正義を

祭儀批判としてのパロディは、いっそうエスカレートしていく。祭りを明るいものとする祝いの歌が歌われるところで、アモスはいきなり悲痛な挽歌を歌い始める。

おとめイスラエルは倒れ
再び起き上がらず
地に捨てられて
助け起こす者はない。（「アモス書」五・二）

アモスは、積極的に神の指示を否定しているわけではない。

まことに、主はイスラエルの家にこう言われる。
わたしを求めよ、そして生きよ。
しかし、ベテルに助けを求めるな
ギルガルに行くな
ベエル‐シェバに赴くな。

ギルガルは必ず捕らえ移され
ベテルは無に帰するから。(「アモス書」五・四―五)

こうした言葉をアモスはただ言い放つだけでなく、懇切に言い直して民を説得しようとする。

善を求めよ、悪を求めるな
おまえたちが生きることができるために。
そうすれば、おまえたちが言うように
万軍の神なる主は
おまえたちとともにいてくださるだろう。(「アモス書」五・一四)

おまえたちの騒がしい歌をわたしから遠ざけよ。
竪琴の音もわたしは聞かない。
正義を洪水のように
恵みの業《わざ》を大河のように
尽きることなく流れさせよ。(「アモス書」五・二三―二四)

アモスは、預言活動に立ち上がる前に三度幻を見た。それは審判の幻であり、第一は「いなご」、第二は「地の深淵を涸《か》らす火」だった。これは明らかに農業に災害をもたらすものである（「アモス書」七・一―六）。この二度の幻を受けて、彼は神にとりなしをした。「主なる神よ、どうぞやめてください。ヤコブはどうして立つことができるでしょう」と。

しかし、三度目の幻（「アモス書」七・七―九）は、城壁の上に下げ振りを持って立つ主の姿であった。城壁が垂直に築かれていなければ、それは建て直すしかない。下げ振りが限度を越えた壁の傾きを示すならば、もはや危険を見過ごしにすることはできない。「イサクの塚」は、イサクの聖所があるベエル－シェバを、「イスラエルの聖なる高台」は、ヤコブ伝承が結びついているベテルを指すのだろう。これらの聖所を基盤とするヤロブアム二世の王国に、ヤハウェは剣を持って立ち向かうと言われる。

この幻と、祭儀批判を中心とする第一回の預言は、出エジプトを祝う春の過越祭《すぎこしさい》の時にベテルで語られたものであろう。

## 支配階級の横暴

夏になって、アモスは都のサマリアに現れた。それは過越祭から七週間後に、小麦の刈り入れを祝う七週の祭りの折であったであろう。人の集まる祭りの時こそ、預言者が民衆に語りかける絶好の機会である。アモスが四つ目の幻として見たのは、一籠《ひとかご》の夏の果物（ヘブル語でカイツ）だった。それを見たアモスに、神は「わが民イスラエルに最後（ヘブル語でケーツ）がきた。もはや見過ごしにすることはできない。その日には、必ず宮殿の歌い女は泣きわめく」と言われた（「アモス書」八・一—三）。

サマリアに対するアモスの預言は、以下の箇所に集められている（「アモス書」三・九—四・三、六・一—一四、八・四—七）。いずれも世俗的支配者の行為を厳しく糾弾している。彼は、ペリシテのアシュドドの町やエジプトの城郭の貴族たちを招き、サマリアの悪の証人となるよう求めている（「アモス書」三・九—一〇）。それを見た者は、「敵がこの地を囲み、おまえの砦を倒し、城郭を略奪する」のも当然であることを認めるだろう。アモスのこのような言葉には、ほとんど解説の必要がないであろう。しかし、もう少しアモス自身の言葉を引用しておこう。

万軍の神、主なる神は言われる。
聞け、ヤコブの家に警告せよ。
わたしがイスラエルの罪を罰する日に
ベテルの祭壇に罰を下す。
祭壇の角は切られて地に落ちる。
わたしは冬の家と夏の家を打ち壊す。

象牙の家は滅び、大邸宅も消えうせると、主は言われる。（「アモス書」三・一三―一五）

ここに見られるように、王を始めとする貴族たちは、冬の家と夏の家を持っており、象牙をはめこんだ贅沢な家具を持っていた。

おまえたちは象牙の寝台に横たわり
長いすに寝そべり
羊の群れから小羊を取り
牛舎から子牛を取って宴を開き
……………
大杯でぶどう酒を飲み
最高の香油を身に注ぐ。
しかし、ヨセフの破滅に心を痛めることがない。
それゆえ、今や彼らは捕囚の列の先頭を行き
寝そべって酒宴を楽しむことはなくなる。（「アモス書」六・四―七）

最後の預言は、諸国民に対する預言である（「アモス書」一・二―二・一六、三・一―一二、九・七―一〇）。第五の幻（「アモス書」九・一―四）は、宇宙的規模の破滅を描いている。アモスは、主が祭壇の傍らに立っているのを見た。祭壇は神殿の前に置かれており、神殿は宇宙を象徴している。神は天使に命じて、「柱頭を打ち、敷石を揺り動かせ。すべての者の頭上で砕け」（「アモス書」九・一）と言われる。もはや陰府に下っても、天に上っても逃げ場はないと言われる。

## 諸国民に対する預言

「アモス書」の冒頭には、一連の諸国民に対する審判の預言が記されている。これは、イスラエルの近隣諸国に審判を告知している。アラム、ペリシテ、フェニキア、エドム、アンモン、モアブの順に語られ、ユダとイスラエルが続いている。

ここには民族主義的偏見はまったく見られず、むしろ最後のイスラエルに対する審判が最も厳しい。それは、神がイスラエルを選び、恩恵を与えたこととの責任を問うからである。三・一―二でも、そのことを明らかに示している。

ヤハウェは、イスラエルの人々を皮膚の黒いクシュ人（エチオピア人）と同一視している。また、イスラエルをエジプトから導いたように、ペリシテ人をカフトル（キプロス島）から、アラム人をキルから導いて移住させたという（「アモス書」九・七）。アモスの視野は広い。アモスが幻に見た神殿は宇宙を象徴するが、ここでは、神が、天上と直結しているエルサレムの神殿から、諸国民に審判を語りかけることがまず記されている。

　主はシオンからほえたけり
　エルサレムから声をとどろかされる。
　羊飼いの牧草地は乾き
　カルメルの頂は枯れる。（「アモス書」一・二）

「羊飼い」とは諸国の政治的指導者たちを指す。牧草地は彼らの国土である。カルメルは「園」を意味するが、牧草地と並行する同義語であろう。「頂」は「最上の」という意味である。つまり、最上の国土が枯れてしまうのも、政治家たちの横暴ゆえである。このような導入の言葉は、「エレミヤ書」二五・三〇―三一、「ヨエル書」四・一六にも見られる。
　アモスは、このように恐るべき預言を語る預言者としての自覚を次のように語っている。

　まことに、主なる神はその定められたことを
　僕《しもべ》なる預言者に示さずには
　何事もなされない。

獅子《しし》がほえる
誰が恐れずにいられよう。
主なる神が語られる。
誰が預言せずにいられようか。（「アモス書」三・七—八）

## 預言の文書化

ヤハウェの言葉は、獅子の声のような力を持っている。その声は、まず預言者を揺り動かし、次に預言を聞いた者の心を揺り動かし、やがて全世界を揺り動かすのである。

獲物もないのに
獅子が森の中でほえるだろうか。
獲物を捕らえもせずに
若獅子が穴から声をとどろかすだろうか。（「アモス書」三・四）

やがて、獅子のような力を持ったアッシリアが、古代オリエントの全地域に襲いかかるだろう。しかし、世界に破滅をもたらすこの災いも、主がなされることだと預言者は言うのである（「アモス書」三・六)。ベテルの祭司アマツヤは、アモスの預言を聞いて、それを王国に対する反乱と解して王ヤロブアムに報告したため、アモスはベテルから追放された。しかし、アモスの預言を聞いた人々の中には心を激しく動かされ、自分自身の運命と民族の運命を打ちのめす力を感じとり、もしそれが神の意志であるならば、それがいかに不条理なものと思われても、その運命的な力に立ち向かわなければならないと考えた人々がいたのである。

この人々が、アモスの預言を書きとめたのである。そして二年後に大地震が起こった。彼らはアモスの預言を文書にまとめて表題をつけ、厳しい現実に対して主体的に立ち向かうことを求める神の声を預言者の言葉の中から聞き分け、それをこれから歩むべき暗黒の道を照らす光として生きていく決意を固めたのである。

# 二　預言者ホセア

## 預言者ホセアの活動

アモスの預言は、聞く人々にとって激しい落雷のようなものだった。だれがこのような言葉を受けとめることができただろうか。しかし、落雷のようなアモスの預言は、一部の人々を民族の切迫した危機に目覚めさせた。

アモスに続いて、北イスラエルでは預言者ホセアが、ユダ王国ではイザヤとミカが預言者としての活動へと立ち上がった。ホセアは、北王国の滅亡の運命と格闘した。レビ人のように、ヤハウェ宗教の純粋性について非妥協的に、しかも地を這うようにしてイスラエルの堕落の現実と取り組みながら、ついには預言者モーセのように深い赦しをもって、滅亡した北王国がヤハウェの民として再生することを願って活動した。

ホセアは、ヤロブアム二世の治世の末期に活動を開始した。彼は北イスラエルの預言者だったが、その書の表題にはウジヤ、ヨタム、アハズ、ヒゼキヤと続いた四人のユダの王の名があげられている。それは、北王国がユダのヒゼキヤ王の時代に滅び（前七二二年）、ホセアの預言は亡命者とともにエルサレムにもたらされ、そこで編纂されたためと思われる。そのため、「ホセア書」の最初の三章には、表題の前半（一・一a）のほかに、はっきりとユダ的加筆と思われる箇所が二カ所ある。それは一・七と三・五である。

ホセアの活動はヤロブアムの治世に始まって、サマリアの没落に至り、その後彼は亡命先のユダで若干の活動を続けたかもしれない。したがって、彼の預言活動はヤロブアムに続く北王国の王ゼカリヤ、シャルム、メナヘム、ペカ、そして、預言者と同名の北王国の最後の王であるホシェアと王国の滅亡に及んでいる。

「列王記」における記述としては下一四・二三に始まり一八・一二に及ぶ記事の中に、その間の南北両王国の歴史が略述されている。一七・四―六に見られるように、アッシリアによるサマリアの包囲は三年間続いた。強大なアッシリアの軍隊が攻城にかくも長い時間をかけた理由は、サマリアの占領後、ただちに新しいアッシリア属領の首都としてサマリアを使用できるように、破壊することなく降伏を待ち、亡命者の出ることとすら厳しく取り締まろうとしなかったためであろう。北イスラエルの文書が比較的よく、「五書」から「列王記」の範囲に至るまで『旧約聖書』に収録されているのはそのためと思われる。

ホセアの預言は、北王国の滅亡に至る過程で、審判の預言を中心として「古典期預言」の性格を持っているが、サマリア陥落後の回復の預言も収められているので、そのような部分は「後期預言」の性格を有している。「ホセア書」は、四―一四章にそれぞれの時期に語られた預言を集め、一―三章は象徴行為とともに、彼の預言のメッセージを要約しているものとしてよいだろう。

四―一四章に集められたホセアの預言は、概してわかりにくい。それは、北王国が没落していく過程で、かなり具体的な問題をめぐって、

## 王国とバアル宗教の問題

王国とその祭司や預言者たちとの論争を繰り返した記録だからであろう。ホセアが最重要としている宗教的価値は、「誠実さ」、「慈しみ」、「神を知ること」などと表現されている。それは、王国成立前のイスラエル民族の基盤を形成していた「契約と律法」と「救済史伝承」の総体で、それを守り抜こうとしたのはレビ人と呼ばれる祭司の集団であり、その背後にはモーセに象徴される豊かな預言者的宗教の伝統があった。

ホセアは、特に北王国とその宗教的象徴である「金の子牛」を批判・攻撃した。さらに王国批判は、北王国のユダからの分離・独立以前に遡って、サムエルとサウルの時代に及ぶこともある。そして、イスラエル民族におけるヤハウェ宗教の出発点が何度も想起されている。さらにホセアの場合は、イスラエル民族とヤハウェとの契約関係を越えて、モーセとヤハウェとの直接的な出会いへ立ち返ることが意図されていると言えるかもしれない。

ホセアが王と王国を批判した預言の箇所は、「ホセア書」五・一、七・三―七、八・四―六、一〇・三―一〇、一五、一三・九―一一などである。「金の子牛」については、八・五―六、九・五

一六、一三・三などがある。

ヤハウェ契約の伝統的定式を思わせる表現も多い。

主こそ万軍の神
その御名は主と唱えられる
神のもとに立ち返れ。
愛と正義を保ち
常にあなたの神を待ち望め。（「ホセア書」一二・六―七）

一二・一〇から一五は、出エジプト伝承に言及している。モーセの名をあげてはいないが、「主は一人の預言者によって　イスラエルをエジプトから導き上らせ　預言者によって彼らを守られた」（一二・一四）とし、イスラエル民族が預言者によって成立したことを明記している。同様の主旨は、一三・四―六にも見られる。

イスラエルに悔い改めを求め、神の赦しとその愛による民族の回復を祈る言葉も少なくない。これらの言葉がホセアのものでないとする根拠は認められないと思う。一三・七―一四・一にかけて、北イスラエル王国の滅亡が述べられ、続いて悔い改めを求める言葉と、民族再建に希望を与える神の赦しと愛が述べられている（一三・二―九）。

一一章にも、ヤハウェのイスラエルに対する最初の愛が述べられた後で、イスラエルの背信に対する審判の宣告があり、最後には非合理的な神の赦しが、「わたしは神であり、人間ではない。おまえたちのうちにあって聖なる者。怒りをもって臨みはしない」という言葉で示されている（一一・一―九）。この言葉などは、正統主義的なヤハウェ契約の枠組みを越えようとする方向を示していると見ることができるであろう。

## 象徴行為により審判預言

「ホセア書」の一―三章は、象徴行為を伴う預言であり、ホセアの預言活動を要約していると言ってよいであろう。一章は三人の子供の命名行為による印象深い預言である。ここに記されているホセアに対するヤハウェの命令を文字どおりにとれば、淫行の女を娶《めと》ることは彼の現実の生活に起こったことになるが、その可否は別として、その行為がヤハウェとイスラエルの関係を象徴していることは明らかである。

「ホセア書」の預言は、次のような言葉で始まっている。

主がホセアに語られたことの初め。
主はホセアに言われた。

「行け、淫行の女を娶《めと》り
淫行による子らを受け入れよ。
この国は主から離れ、淫行にふけっているからだ」（「ホセア書」一・二）

「この国」は、「この地」と訳してもよい。「淫行」という言葉は、この地に根づいたイスラエルが、ヤハウェを捨ててバアルに従うことで、その歴史を展開してきたことを象徴している。ホセアと妻の間に生まれた最初の男の子は、イズレエルと名づけられた。その名は、まもなく神が、イエフの王朝に対して、その成立の当初にイズレエルの平野でオムリ王朝を倒すために流した流血のゆえに罰しようとしていることを象徴している。ホセアはイエフの暴力革命を「流血」の犯罪行為と見ており、イエフ王朝が預言者エリヤの預言によってその革命を正当化したことを認めていない。

二番目に生まれたのは女の子で、ロ＝ルハマ（憐れまれぬ者）と名づけられた。これは、もはや神がイスラエルの王家を憐れみ、その罪を赦すことはないという意味である。イエフ王朝がヤロブアム二世の子ゼカルヤの時に、シャルムの謀反によって倒されて以来、北王国では無慈悲な殺害によって王権が次々に交替した。その詳細は、前述の「列王記」の記述にまかせて立ち入らないが、イスラエルの王国は、ロ＝ルハマと名づけられるにふさわしい状態になった。

三番目の子は、ロ＝アンミ（わが民でない者）と名づけられている。これは、ヤハウェがイスラエルとの契約を破棄することを意味する。「あなたたちはわたしの民ではなく　わたしはあなたたちの神ではないからだ」と、ヤハウェはその理由を明示する（「ホセア書」一・九）。「あなたたちの神」と訳されたヘブル語本文は、「わたしは、あなたたちに対して、『わたしはある（エフイエ）ではない」となっている。このことは、「出エジプト記」三・一四の神名の啓示を想起させるが、多くの解釈者はこれを読み替えている。ここに対応する新しい約束としての二・一では、「生ける神」の子らとなっており、二・二五では、「わが神」という神への呼びかけも見られるので、一・八の「わたしはある」という本文をそのまま読むことは、常識的には抵抗があることもたしかだが、ホセアの預言が、ヤハウェ契約の源にある神名「エフイエ」に遡る傾向を持っていることは認めうるのではないであろうか。

### 回復の象徴行為

二章は、一章におけるイスラエルの罪の象徴的提示を受けて、預言者がイスラエルの罪を告発し、罪状について論争を展開する形になっている。ただし、二・一―三におけるイスラエル回復の預言は、内容が一章と密接に対応しているために、章の最後に記されている回復の預言から、前半に移されたものと思われる。本来は二・二五の後に置かれていたものであろう。

ヤハウェとイスラエルとの法廷論争は、ヤハウェ（夫）がイスラエル（妻）を、民（その子ら）

に命じて告発させる形で展開されている。イスラエルは荒れ野から沃地に入ると、沃地の産物を与える愛人（バアル）に誘われて、ヤハウェを捨てたというのである。しかし、沃地の産物を与えたのは実はヤハウェであり、ヤハウェはイスラエルからこれらのものを取り去って、もう一度荒れ野に連れ戻し、改めて契《ちぎ》りを結び直すというのである。

その時、イスラエルはヤハウェをもはや「わが主人」（バアリ）とは呼ばずに、「わが夫」（イーシー）と呼んでいる（二・一八）。「夫」（イーシュ）は、「女」（イッシャー）と対になっている言葉で、「創世記」で女が造られた時、「これこそわたしの骨の骨、肉の肉」と男が叫んだ時の言葉に対応している。念のため、その箇所をここに引用しておきたい。「これをこそ、女（イシャー）と呼ぼう、まさに男（イシュ）から取られたものだから」（「創世記」二・二三b）。

ホセアの預言は、イスラエルがヤハウェの契約を破った後に、より深く根源的な立場から契約を結び直す方向を指し示している。すなわちホセアは、ヤハウェ契約をもはや単に歴史的・宗教的・社会的な次元に置くだけではなく、自然の世界に拡大し、さらに神は地上からあらゆる戦いをやめさせると言う（二・二〇）。ヤハウェとイスラエルの婚約は永遠のものであり、正義と公平が与えられ、慈しみと憐れみによって守られると言う（二・二一）。こうして天と地は呼応し、地の産物を産み出すと言うのである。

三章は、このような回復を再び象徴預言で示している。預言者は姦淫によって奴隷の状態に落ちた女を買い戻し、イスラエルが沃地で取り入れた、政治・宗教の様々な制度を廃止し、神と人間の本来の関係を立て直すことを象徴行為によって示している。奴隷を買い戻すための「銀十五シェケル、大麦一ホメルと一レテク」（三・二）というのは、「契約の書」に記されている奴隷一人の値段である銀三十シェケルに相当するものと考えられる（「出エジプト記」二一・三二）。ホセアも、「エロヒスト」が編纂した「契約の書」（「出エジプト記」二〇・二二―二三・三三）を知っていたと思われる。

ホセアの預言は、このように古典期の特色である審判預言に始まり、北王国滅亡の後は、イスラエル民族の回復を約束する「後期預言」の性格を示していると言えるであろう。

## 三　預言者イザヤとミカ

ホセアの預言には、ベニヤミン領の地名が多く見られる。アコルの谷、ギルガル、ベト－アベン（ベテル）、ミツパ、ギブア、ラマなどが言及され、あるものは繰り返し出てくる。おそらくホセアは、ベテルの「金の子牛」の象徴する問題を最も痛切な問題として自覚し、イスラエルの地方聖所の腐敗・堕落を正すことを民族再建の最大の課題としていたであろう。アッシリア帝国の侵攻についても、主としてベニヤミン族の立場から考えていたと思われる。百年後に登場するエレミヤの預言にホセアの影響が強く見られるのも、そのためと考えられる。

### 預言者イザヤの活動

それに対して、イザヤはエルサレムの貴族階級の出身であり、エルサレムの政治的現実を知りつくし、アッシリア帝国の恐るべき圧力を十分に知りながら、それにひるむことなく、常に的確な助言をユダの王たちに与えることができた。彼の活動は、ユダ王国で実に五十二年に渡って在位していた王アザルヤ（別名ウジヤ）の死んだ年に、エルサレムの神殿で預言者の職務へと召し出されることによって始まった。それから約四十年間、彼はエルサレムで預言活動を行い、ヒゼキヤの治世の末期にユダ王国が、アッシリアの攻撃を受けて降伏し、辛うじて従属国としての地位を維持しえた時にまで及んでいる。アザルヤの死んだ年は定かではないが、前七三九年に設定するのが比較的妥当と思われる。

「列王記」の資料は、下一五・一—二〇・二一に渡っているが、下一八・一三以降は「イザヤ伝説」と呼ばれているもので、「イザヤ書」の中では、三六—三九章にほぼ同一内容のテキストが再録されている。この中で、イザヤはエルサレムにおいて確固たる地位を持ち、王であるヒゼキヤに助言や警告を与える人物として描かれている。したがってイザヤの活動は、約四十年に及んだと考えてよいであろう。

預言者イザヤ／システィーナ礼拝堂

## イザヤの召命

イザヤの召命の記事は、「イザヤ書」六・一—一一に見られる。一二—一三節は後代の加筆と見るべきである。彼の召命は、ウジヤ王が死んだ年のことと記されており（一・a）、前述のように前七三九年と見てよいであろう。六・一b—四節は、彼が幻に見た神の顕現の様を描写している。イザヤは、神殿で天上の御座に座すヤハウェを見た。そこでは、神話的な生き物であるセラフィム（「燃えている者」の意）が飛びかっていた。

聖なる、聖なる、聖なる万軍の主。
主の栄光は、地をすべて覆う。

その声によって、神殿の基礎は揺れ動き、その内部は煙に満たされた。イザヤは神の聖に打たれて滅びを体験する。彼は汚れた民の中の一人としての自己に死に、神の使者としての使命への再生を経験したのである。

この体験の中で発した彼の言葉は、「災《わざわ》いだ。わたしは滅ぼされる」というものであり、汚れの自覚と同時に、「しかも、わたしの目は　王なる万軍の主を仰ぎ見た」という言葉であった。地上の王が死んだ年に、彼は天上の王である聖なる神の啓示に接した。このように彼は、地上の汚れた神殿の基礎が揺れ動く時、天上の御座に座すヤハウェの姿を示されたのである。

イザヤにとって地上の王とその政治、地上の神殿とその祭儀は、滅びを免れられない状態にあるが、これらのものを神の聖は、イザヤ自身の存在を否定しながら再生させたように、完全な滅びを経たうえで再生させるであろう。これがイザヤの見神体験を通して与えられた確信であった。

その時、イザヤはヤハウェの声を聞いた。

誰をわたしは遣わすべきか。
誰が我々に代わって行くだろうか。

天上のヤハウェは一人称複数で自己を表すことがある。この文の一行目は、「誰をわたしは遣わすべきか」だが、二行目は、「我々に代わって」とされている。これは、天上の会議の表象が背後に隠されているためである。

神の行われる重大な歴史的決定は、天上の会議において、天使たちの集まる場でなされる。すでに「列王記」上二二章で、預言者ミカヤが王アハブの死を告げる時、彼は天上の会議で御座に座すヤハウェと、その決定に参与している天使たちの会話の場に臨んでいる。彼はその情景を絵画的に描き出して、王に告げている（「列王記」上二二・一九―二三）。おそらくアモスの諸国民に対する預言の背後にも、このような天上の会議による決定が考えられているのであろう。

神の聖の働きは、通常の思考の枠を越えている。そのことは同時に、人間の罪と腐敗にも耐えうる限度を越えることがありうることと対応しているのである。

イザヤは、ただちにヤハウェの召命に応えて、「わたしを遣わしてください」と言うが、彼が託された言葉は不条理そのものであった。

行け、この民に言うがよい
よく聞け、しかし理解するな
よく見よ、しかし悟るな、と。
この民の心をかたくなにし
耳を鈍く、目を暗くせよ。
…………
悔い改めていやされることのないために。

この不条理な言葉を、イザヤは召命の初めに受け取った。預言者としての彼の活動は、人間の側からの可能性についての絶望を踏まえて始まったと言ってよいであろう。

## 初期の預言

イザヤの召命の年が前七三九年であったとすれば、それは厳しい年だった。アッシリアにティグラトピレセルが即位したのは、前七四五年である。すでに世界帝国の建設を企図して、まずは東方でバビロニアを討ち、前七四三年から前七三八年にかけて西方に向かい、前七三八年にはダマスコを都とするアラム王国の北にある都市ハマトを占領し、エジプトにまで軍を進め、帰途ダマスコのレツィンとイスラエルのメナヘムから重い朝貢《ちょうこう》を取り立てた。

すでに前七三九年には、このティグラトピレセルの活動が始まっていた。前七三八年に大王がメナヘムに要求した朝貢の金額は法外なものであった。「列王記」下一五・一九に記されている「プル」という名は、東方で大王が「シュメール‐アッカドの王」と称した時の名である。メナヘムが貢《みつ》いだ金額は銀一千キカルである。一キカルは三十四・二キログラムと推定されるので、総量三十四・二トンになる。この支払いはメナヘムの致命傷となった。彼はその年に死に、子ペカフヤが代わって王となったが（「列王記」上一五・二二）、まもなく反アッシリアを主張する将軍ペカがペカフヤを倒して、ダマスコの王レツィンと反アッシリア同盟を結んだ。両国はユダを同盟に加えようとしたが、ユダはアッシリアを恐れてこれを拒否したので、軍を送って同盟への加入を強要した。これがシリア‐エフライム戦争（前七三四―前七三二年）である。

イザヤの初期の預言とは、彼の召命からこの戦争が始まるまでを言う。ウジヤの摂政を長く務めた後に即位したヨタムの治世（前七三九―前七三四年）とほぼ重なる。この時期のイザヤの預言は、アモスの影響を強く受けている。

「イザヤ書」一・二―九に述べられているユダの荒廃の様子は、前七〇一年のセンナケリブの侵攻の後の荒廃を示すという見方もあるが、アモスの預言の実現としての大地震の結果を示しているという見方もある。それに続く一・一〇―一七は、祭儀の批判であり、正義の実行を求めている。

悪を行うことをやめ
善を行うことを学び
裁きをどこまでも実行して
搾取する者を懲《こ》らし、
孤児の権利を守り
やもめの訴えを弁護せよ。（「イザヤ書」一・一六b-一七）

それに続く論争（一・一八―二〇）と、審判を通しての回復の預言（一・二一―二八）は同じ時期のものか、あるいは後代のものか正確に判断することは難しいが、五・八―三〇の「富める者の横暴」、「遠くからの敵」などの預言は、アモスの預言に酷似しており、初期の預言であると思われる。五・一―七の「ぶどう畑の歌」は、審判の導入として歌われたものであろう。

**シリア-エフライム戦争**

シリア-エフライム戦争については前項で簡単に述べたが、「イザヤ書」二・六―二二、三・一―四・一の預言は、この戦争を前にして軍備に狂奔する様を批判したものであろう。

シリア-エフライム戦争について、イザヤは自分の息子シェアル＝ヤシュブを伴って、直接王アハズに会い、おそらく公然と自己の立場を述べ、アハズに実行を迫ったが、王の受け入れるところとはならなかった。その事情については、「イザヤ書」七・一―一七に記されている。

王と出会った「布さらしの野に至る大通りに沿う、上貯水池からの水路のはずれ」（七・三）という場所は、詳細な記述にもかかわらず正確にはわからない。王は籠城に備えて、水の検分に出かけたのであろうか。「イザヤ伝説」に同じ場所の描写があるが（「列王記」下一八・一七、「イザヤ書」三六・二）、そこはアッシリアの軍隊がエルサレムの人々に向かって降伏を呼びかけている場所なので、エルサレムの城門の一つかもしれない。

ここでイザヤが主張したことは、落ち着いて静かにし、レツィンとペカを恐れるな（七・四）ということである。具体的には、この両国の攻撃に積極的に応戦する必要もないし、ましてアッシリアの援助を求める必要もない。たとえ防衛の準備をするにしても、落ち着いて静かに神を信頼しているべきだというのである。

レツィンとペカがユダに対して軍事行動を起こしたのは愚かなことであった。それは、アッシリアの前で兄弟国同士が相争うことである。しかし、そのように仕向けたのは、もとを正せばティグラトピレセルであったであろう。彼はもともと、ユダ王国やエドムなどの辺境の小国を属領として併合することをもくろんではおらず、アッシリアからエジプトに至る基幹道路の通っているダマスコ、北イスラエル王国やペリシテなどの諸国には、支払い不能と思われるほどの朝貢を課し、逆にユダには朝貢を要求しなかったと思われる。これがアハズを重大な錯覚に導いたのである。アラムと北イスラエルが攻撃すれば、アッシリアがユダを援助してくれるのではないかとアハズは思い、そのように行動したのである。

ところがそのことは、もともとティグラトピレセルが望んでいたことであったので、彼はただちに事件に介入し、まず北イスラエルの海沿いの地、ヨルダンの東岸、ガリラヤの三地域を占領した。ペカはエラの子ホシェアに殺され、ホシェアはただちにアッシリア王に降伏した。続いて大王は、ダマスコを占領して属領とした（「列王記」下一五・二九―三〇）。アハズは、ダマスコに駐屯した大王に表敬するためそこに赴き進んで朝貢し、さらにダマスコに設けられていた祭壇を見て、同様のものをエルサレムにも造らせたのである（「列王記」下一六・五―一八）。以上が、この戦争のあらましである。

## インマヌエル預言

この機会にイザヤが語った預言は、後世にまで大きな影響を及ぼすことになった。イザヤの子シェアル＝ヤシュブという名は、象徴的な意味を持っていた。それは、「残りの者が帰ってくるだろう」という意味である。つまり、神を信じなければユダ王国は滅びる。滅んでアッシリアの捕囚となった者のうち、神を信ずる者だけが再び帰ってくるだろうという意味を、その名は持っていた。

この場合、神を信じるとは、「落ち着いて静かにしている」ことであった。しかし、アハズはこのことを好まず、イザヤの預言を拒否した。

> 見よ、おとめが身ごもって、男の子を産み
> その名をインマヌエルと呼ぶ。（「イザヤ書」七・一四）

これは、王と対決したイザヤの言葉である。これは、『新約聖書』の「マタイによる福音書」においてメシア預言と解されている有名な言葉である（「マタイ」一・二三）。

インマヌエルとは、ヘブル語で「神われらとともにいます」という意味である。この場合、「われら」とは、王とともにアッシリアに助けを求めたりせず、ただ神の約束に頼り、静かに神の守りを信ずる人々のことである。インマヌエルは、この人々にとっては救いのしるしであり、アハズと彼に従う人々にとっては滅びのしるしである。

イザヤは、神が選んだエルサレムの神殿とダビデの末裔から産まれるメシアの可能性を信じた預言者であった。しかし、ここで男の子を産むと言われた「おとめ」は誰のことかわからない。イザヤの妻か、アハズの後を継いだ王ヒゼキヤの母か、それとも神話的な表現で不特定の人物を指しているのか。その詮索はしょせん推測の域を出ないであろう。しかし重要なことは、神自身が信ずる

者とともにいますことを示すしるしとして、メシアが与えられると約束されていることである。

イザヤは、「サムエル記」下の七章に記されているナタン預言の伝統をしっかりと受けとめていたと思われる。エルサレムは神の現臨の場であり、ダビデの末裔からイスラエルを救うメシア的王が産まれるという約束を彼は信じていたのである。

しかしその信頼は、現実の神殿と王の有様に厳しい神の審判を下し、否定することを通して次第に終末的な待望へと変わっていった。イザヤは、決して楽観的なことを考えていたわけではない。彼の預言は、その意図とは逆に人々をかたくなにするばかりであるという絶望を、彼はすでに召命の時に心に刻み込んでいたが、それゆえにこそ、彼はユダの政治と宗教の現実にかかわり続けたと言うこともできるであろう。

彼はアハズと対決した後は、その治世の間には公に活動することを赦されなかった。前述のように、エルサレムにはダマスコに設置されていたアッシリアの大王が造った祭壇のコピーが置かれていた。シリア‐エフライム戦争の時期に語られ、あるいは記されたと思われる預言は、九・七―一〇・四、一七・一―六、八・一―二三五aである。

## ヒゼキヤの即位

ユダの王ヨタムは、シリア‐エフライム戦争が始まった前七三四年に死んだと記されている。そして、その子アハズが二十歳で王となり、十六年間王位にあったとされているが（「列王記」下一六・二）、おそらく六年間と見るのが正しいであろう。その理由は、シリア－エフライム戦争は、エラの子ホシェアがペカを殺し、ティグラトピレセルに降伏することによって終わったが（「列王記」下一五・三〇）、ヒゼキヤは、ホシェアの治世の第三年に王になったとされているからである。そしておそらく、ペカを殺して王位を奪ったホシェアの即位は、翌年の前七三一年から数えられたであろう。ホシェアは九年間王位にあって、前七二二年に北王国は滅びた。

ヒゼキヤは、前七二八年に王となって、二十九年間王位にあったという（「列王記」下一八・一―二）。そして、彼は即位の時二十五歳だったとされているが、父アハズが二十六歳で死んでいるとすれば、それは誤まりと言うほかはなく、彼は五歳だったとしなければならない。

イザヤが「おとめが身ごもって、男の子を産む」と預言した「おとめ」がヒゼキヤの母であるとすれば、その母はゼカルヤの娘で、アビあるいはアビヤと言われた女性である（「列王記」下一八・二、「歴代誌」下二九・一）。イザヤは、この幼くして王となったヒゼキヤに期待をかけ、またヒゼキヤは大いに宗教改革を行ったと記されている（「列王記」下一八・三―八、「歴代誌」下二九・三―三一・二一）。

「歴代誌」によれば、その改革は治世の第一年に行われ、北イスラエルにも及ぶ大規模で徹底したものであった。この記述は、後のヨシヤ王の改革を反映して誇張されていると思われるが、このことは、預言者イザヤがアハズ王のとったアッシリアに対する屈辱的な態度に強く反発して、幼いヒゼキヤを王に擁立するとともに、アハズが導入した異教的祭壇の撤去を始めとする改革を推進したことを示唆しているであろう。

「イザヤ書」八・二三b―九・六は、ヒゼキヤの即位の時に語られた宣言の言葉と見做《みな》しうるが、前半（八・二三b―九・四）は、シリア‐エフライム戦争によって奪われた北イスラエルの土地の奪回を歌い、後半（九・五―六）は、新しい王の即位を宣言し、彼を称える言葉である。

ひとりのみどりごがわたしたちのために産まれた。
ひとりの男の子がわたしたちに与えられた。

この言葉は、もともとは即位の宣言の常套的表現であったが、後には終末的メシアの到来を約束する預言と解されるようになった。

## 北王国の滅亡

シリア‐エフライム戦争の後、辛うじて存続した北王国は、当然アッシリアの重圧下に置かれていた。イザヤは、北王国がユダとの結束を立て直し、重圧下にあっても再起の努力を重ねるべきだと考えていたであろう。愚かにもアッシリアの援助を導入したアハズが死んでヒゼキヤが即位したことは、南北両王国がヤハウェのもとに改めて結合する好機につながると、イザヤは考えていたに違いない。

幼いヒゼキヤはイザヤの立場を受け入れたが、北王国のホシェアには、反アッシリア派の暴走を阻止しておく力はなかった。北王国は、ついにエジプトの支援を頼んでアッシリアへの朝貢を停止した。そのことが結局、北王国に滅亡の運命を定めた。三年間に及ぶ包囲の後、サマリアはアッシリアの属領とされたのである（「列王記」下一七・四―六）。

北王国のこの行為は、イザヤにとっては「酒の酔いによろめく」ような行為でしかなかった。肥沃な平野の中にある美しい冠のようなサマリアの丘は、あっというまにアッシリアに呑み込まれてしまったのである（「イザヤ書」二八・一―四）。北王国の滅亡について、イザヤはそれ以上のコメントを残していない。

### アシュドドの反乱

帝国の確立に余念がなかったアッシリアの勢力の前で、小国の取るべき立場は、静かに耐え忍ぶことのほかはなかったと一応は言えよう。しかし、すでに述べたように、それぞれの小国に対するアッシリアの態度自体が異なっていた。ペリシテのアシュドドのように、地中海沿いの幹線道路に接していれば、アッシリアは何としてもこれを確保しなければならない。すでに北イスラエル王国を占領したアッシリアが、次に目標としたのはペリシテの都市であったことは必然であった。

エジプトの第二十五王朝のシャバカ（前七一六―前七〇一年）は、前進してくるアッシリア帝国の防壁とするため、アシュドドに反アッシリア同盟を形成するように促した。アシュドドは、前七一三年から無謀にもアッシリアの支配に背いた。アシュドドは、ユダ、エドム、モアブを同盟に加えようとした。すでに即位後十五年を経ていたヒゼキヤは、アッシリアに屈従するのを潔しとせず、イザヤの助言を待たずにこの同盟に加盟しようとした。これに対してイザヤは、文字どおり体を張って阻止しようとした。

「イザヤ書」二〇章に、アシュドドの反乱の時にイザヤが行った象徴預言の行動について記されている。前七一一年、アッシリアの将軍がアシュドドを占領したが、それに先立つ三年間、イザヤは腰から粗布を取り去り、裸に裸足で捕囚の姿をしてエルサレムの街を歩き回った。これは、アシュドドをそそのかしていたエジプトとクシュ（エチオピア）の人々が捕虜となって、アッシリアに連行される姿を示すためであった。それを見てペリシテの住民は、「見よ、アッシリアの王から救われようと助けを求めて逃げ、望みをかけていたものがこの有様なら、我々はどうして逃げ延びえようか」（「イザヤ書」二〇・六）と言うとされているが、イザヤのこうした警告によってユダは早期に同盟を離脱し、アッシリアから攻撃されずにすんだのである。

この時期に語られたイザヤの託宣としては、一八・一―七、一九・一―一五があげられる。エチオピア人によるエジプトの第二十五王朝と、アシュドドを始めとする諸国との交渉が、具体的にしかも文学的に描かれている。使者たちが、「背高く、肌の滑らかな国　遠くの地でも恐れられている民へ」送られる（「イザヤ書」一八・二）。地上の政治的・外交的混乱の中で、ヤハウェはイザヤに向かってこう言われた。

わたしは黙して
わたしの住む所から目を注ごう。
太陽よりも烈しく輝く熱のように
暑い刈り入れ時を脅かす雨雲のように。（「イザヤ書」一八・四）

地上でイザヤは神の命を受け、裸に裸足の捕囚の姿で歩き回りながら、天上から地上の混沌に黙して目を注ぐヤハウェの声を直接に聞き取っていたのである。当時エジプトでは、リビア系の第二十四王朝とエチオピア系の第二十五王朝が争っていたが、イザヤは、その問題については次のように言っている。

「わたしは、エジプトをエジプトに刃向かわせる。

人はその兄弟と、人はその隣人と
町は町と、国は国と戦う。
エジプト人の思いは、胸の中に乱れる。
わたしが、その謀《はかりごと》を乱すので
彼らは、偶像と死者の霊
口寄せと霊媒に指示を求める。
わたしは、エジプトを
過酷な支配者の手に渡す。
厳しい王が、彼らを治める」と
万軍の主なる神が言われる。（「イザヤ書」一九・二―四）

## メロダク＝バルアダンの来訪

「列王記」と「イザヤ書」に見られる「イザヤ伝説」によれば、ヒゼキヤの治世の第十四年に、アッシリアの王センナケリブが攻めてきたことになっているが（「列王記」下一八・一三、「イザヤ書」三六・一）、ヒゼキヤの治世を前七一五年に始まるとすればこれでもよいが、前七二八年に始まったとすれば、センナケリブは前七一四年にエルサレムを攻撃したことになり、センナケリブの治世（前七〇四―前六八一年）とはまったくずれてしまう。また、「列王記」下一八・一四―一六には、ヒゼキヤがアッシリアの王に降伏し、多額の朝貢をしたと記されているが、この記事は「イザヤ書」では削除されている。

続いて「列王記」と「イザヤ書」の両方にほぼ完全に併行するアッシリア王の攻撃の記事があり、その末尾には、天使によるエルサレムの奇跡的救助の記述がある（「列王記」下一九・一―三七、「イザヤ書」三七・一―三八）。

オールブライト学派では、ヒゼキヤの治世を前七一四―前六八七／六年とし、二つの目の記事をセンナケリブによる二度目のエルサレム攻撃について記したものとしているが、これは前七〇一年に、ヒゼキヤがアッシリアの攻撃を受けて降伏したのに、エレサレムは占領を免れ、アッシリアの属州にならなかったことを神の奇跡によるものと見做《みな》した物語であろう。歴史的に重要なのは、前七〇一年におけるセンナケリブのエルサレム攻撃とヒゼキヤの降伏ということである。「イザヤ伝説」の後半にある、ヒゼキヤの病気とメロダク＝バルアダンの来訪（「列王記」下二〇・一―一九、「イザヤ書」三八・一―三九・八）は、センナケリブの攻撃に先立つ事柄である。

テル-エドゥエイール＝ラキシュ
撮影・提供＝和田幹男

メロダク＝バルアダンは、ペルシア湾北岸のビート‐ヤキーンの王だったが、シャルマネセル五世が死ぬとバビロンの王位に就き、エラムの支持を得て十年以上王位を維持したが（前七二一―前七一〇年）、サルゴン二世（前七二一―前七〇五年）によって王位を追われた。しかし、サルゴンが死ぬと再びバビロンの王位に復し、遠くユダのヒゼキヤに使節を送って反アッシリア同盟の形成を求めたのである。

イザヤの預言に、「ペリシテに対する警告」と小見出しがつけられた託宣があるが（「イザヤ書」一四・二八―三二）、その冒頭に「アハズ王の死んだ年」（「新共同訳」）と記されているのを「サルゴン王の死んだ年」と読みかえ、前七〇五年に、数年前にペリシテを撃った大王の死を喜んで、危険な反乱を試みることを警告したものと解すべきである。

イザヤが警告したように、メロダク＝バルアダンは、ユダとペリシテとフェニキアなども誘って、アッシリアに対する反乱を計画したのである。ヒゼキヤは、年来のイザヤの主張を無視して、病気見舞いと称してバビロン王から派遣された使者に、エルサレムの宝物庫や武器庫などをすべて見せてしまった。イザヤはヒゼキヤに対して、これらの物がすべてバビロンに運び去られる日が来ると預言したという。イザヤのヒゼキヤに対する警告は、「イザヤ伝説」ではやがて訪れるバビロン捕囚を預言するものとされている（「列王記」下二〇・一二―一九＝「イザヤ書」三九・一―八）。

どのような時代にせよ、侵略的な大国が成立する時、その周辺の小国はどうすればよいのだろうか。大国の振舞いは必ずといっていいほど次第に横暴となる。たとえ抵抗は無謀だと思われても、はたしてただ静かにしているべきなのだろうか。穏やかに自立を維持していく道を見出すことがはたしてできるのであろうか。恐怖は必要以上の緊張を生み、やがて硬直とけいれん的行動を生み出すのではないのか。

ラキシュの攻略／大英博物館蔵
ニネベにおけるセンナケリブの宮殿から出土した浮彫
撮影・提供＝和田幹男

## センナケリブの攻撃

前七一一年にペリシテのアシュドドは、アッシリアのサルゴンに撃たれた。サルゴンが死んだ後、反乱の主導権を担おうとしたのは、サルゴンによってバビロンの南に追われていたメロダク＝バルアダンであり、彼に教唆・煽動されたのはユダの王ヒゼキヤであった。こうして、ユダ王国がアッシリアの従属国の地位に落とされる最後の過程が始まった。本来平等であるべき諸民族相互の間に、圧倒的な力の相違が生まれることこそ、現実の不条理の源である。

イザヤは常にこの不条理を見据え、絶望的状況の中でも歴史を支配する神への信仰のゆえに、自由な精神を保持する道を知っていたのである。「イザヤ伝説」の冒頭には、センナケリブの侵攻の結果が、次のように簡潔に報告されている。「ユダの砦の町をことごとく占領した」(「列王記」下一八・一三b、「イザヤ書」三六・一)。

これは決して伝説ではなく、現実にそのような結果となったのである。伝説の中で、アッシリアの王に派遣されたラブ＝シャケは、大王の言葉をヒゼキヤに伝えるようにと要求しながら、エルサレムの役人たちに種々の冒瀆的な言葉を投げかけている。

例えば、「わたしは今、主とかかわりなくここを滅ぼしにきたのだろうか。主がわたしに、『この地に向かって攻め上がり、これを滅ぼせ』とお命じになったのだ」(「列王記」下一八・二五、「イザヤ書」三六・一〇)、「国々のすべての神々のうち、どの神が自分の国をわたしの手から救い出したのか。それでも主はエルサレムをわたしの手から救い出すと言うのか」(「列王記」下一九・三五、「イザヤ書」三六・二〇) などである。

ヤハウェがもし普遍的な神ならば、アッシリアの王をも動かしているのである。ユダの人々がこれを言うならば、それは宗教の民族主義的限界を越えたことになる。しかし、アッシリアの王がこれを言うならば、神と力を同一視することになる。軍事力こそ普遍的な神だということである。そしてここに、力の論理の落とし穴がある。宗教が民族主義の立場を克服するには、少なくともこの力の論理を克服するだけの論理を持たなければならないのである。

## イザヤの立場

イザヤの、逆説的な預言の真意を読み解くことは、決して容易なことではない。次に一例をあげておく。

それゆえ、主なる神はこう言われる。
「わたしは一つの石をシオンに据える。
これは試みを経た石
堅く据えられた礎の貴《とうと》い隅の石だ。
信ずる者は慌てることはない」（「イザヤ書」二八・一六）

この預言の「一つの石」とは、神がエルサレムを守るという約束である。この約束を信ずる者は慌てることはないと言うのである。この言葉の前後に、「死との契約」、「陰府との協定」という言葉が使われているが、これは外国との同盟であり、イザヤは、こうした同盟はユダ王国を救うのにまったく役立たないとしている。アッシリアの侵入は「洪水」と表現されており、それによってたちまち小国の同盟は押し流されてしまう。

次の言葉は、イザヤの立場を読み解く助けになるであろう。

わが主なる神は、こう言われた。
「おまえたちは、立ち返って
静かにしているならば救われる。
安らかに信頼していることにこそ力がある」と。
しかし、おまえたちはそれを望まなかった。
おまえたちは言った。
「そうしてはいられない、馬に乗って逃げよう」と。
それゆえ、おまえたちは逃げなければならない。
あなたたちを追う者は速いであろう。（「イザヤ書」三〇・一五―一六）

三一・一―五に見られる預言は、イザヤがセンナケリブの侵攻中に語った託宣と思われる。その冒頭と結びの言葉だけを引用しておく。

災《わざわ》いだ、助けを求めてエジプトに下り、
馬を支えとする者は。
彼らは戦車の数が多く

騎兵の数がおびただしいことを頼りとし
イスラエルの聖なる方を仰がず
主を尋ね求めようとしない。
…………
まことに、主はわたしにこう言われた。
獅子《しし》や若獅子が獲物を捕えて、うなるとき
多くの羊飼いがそれに対して呼び集められても
獅子はその声を恐れず
喚声にたじろぐことはない。
万軍の主は、そのように
シオンの山とその丘の上に降って戦われる。
翼を広げた鳥のように
万軍の主はエルサレムの上にあって守られる。
これを守り、助け、かばって救われる。
人間の軍事力はエルサレムを救えないが、ヤハウェは獅子のように、あるいは翼を広げた鳥のように、これをかばって助けられるというのである。不可能の彼方に可能性があり、無力の確認を越えて、救済の確信が与えられているのである。

## イザヤの終末預言

権力が自己の力を誇る時、権力は神によって罰せられる。そのようなイザヤの信仰が、「イザヤ書」一〇・五―一五、二四―二七などに認められる。いずれも読みやすい言葉ではないが、アッシリアはヤハウェにとって自分の民を罰する鞭だというのである。しかし、アッシリアは自分をそのように考えるはずがない。傲慢に自分の力を誇り、自分はエルサレムを滅ぼす力を持つと考え、神を冒瀆してためらうことがない。しかし、そのことは当然神の審判の対象となり、神自身がアッシリアに対して鞭を振るわれる。そのような預言を一つだけここに引用しておこう。

シオンに住むわが民よ、アッシリアを恐れるな。
たとえ、エジプトがしたように
彼らがあなたを鞭で打ち、杖を振り上げても
やがて、わたしの憤りの尽きるときがくる。
わたしの怒りは彼らの滅びに向けられる。

万軍の主は、彼らに対して鞭を振るわれる。（「イザヤ書」一〇・二四b―二六a）

現実には、ヒゼキヤがアッシリア軍に降伏して、エルサレムは占領を免れたものの、ユダ王国はアッシリアの従属国となり、いわゆる「アッシリアの平和」と呼ばれる時代が到来した。これは前八世紀の末期から前七世紀の前半にかけてのことである。こうして、イザヤの四十年に及ぶ預言活動も終わりを迎えることになった。その時に、イザヤは二つの終末的預言を残している。いずれも、エルサレムとユダ王国の限界を越えて、終わりの時に神の創造の秩序が回復されることを指し示す内容である。一つは、終わりの日に全世界に平和が訪れ、エルサレムは、諸国の人々が巡礼する平和の中心地になるという預言である（「イザヤ書」二・二―四）。二つは、エッサイの株から新しい一つの芽が出て、メシアとしての霊を受け、このメシアの支配のもとで、動物の世界にも完全な平和が訪れるという預言である（「イザヤ書」一一・一―九）。特に二つ目の預言は、時代の限界を越えるスケールの内容で、これほど普遍的な平和の姿を描き出した言葉は、全『旧約聖書』の中でも他に類を見ないと言うべきであろう。

いずれも、神の支配が地上の都エルサレムと、ダビデの末裔から出るメシアによってもたらされるというナタン預言以来の伝統を引く預言であるが、イザヤにおいて、現実のエルサレムとダビデ王朝は完全な否定を媒介として、根本的に更新されていると言うべきであろう。平和の預言に先立って、前述したエルサレムの祭儀批判と、それに続いて「シオンの審判と救い」の預言が記されている（「イザヤ書」一・二一―二八）。このことこそが、エルサレムを中心とする世界平和の前提であると言うべきである。また、「平和のメシア」の預言（「イザヤ書」一一・一―九）では、メシアが「エッサイの株から一つの芽が萌え出で」とされているように、ダビデの幹が一度切り倒された後に、その父エッサイの株から新しく芽が萌え出ると言うのであって、ダビデ王朝に対する否定が明確にされている。

イザヤが預言者として活動した期間は長く、後世への影響は巨大であった。彼の同時代人にミカという預言者がいたが、イザヤの預言とはまた別の響きを持つ厳しい預言をしており、相互に共鳴する響きはいっそう増幅されている。

## ミカの預言

イザヤと同時代に、ペリシテのガトに近いユダの町モレシェト出身の預言者、ミカがいた。その預言の書は七章からなっているが、ミカ自身の預言を集めたのは一―三章である。ただし、「ミカ書」二・一二―一三は、後代に加筆された「復興の預言」である。

ミカは地方在住の人物として、都市居住の支配階級に抑圧されている人々の苦しみに強い関心を抱き、横暴な人々の不正を厳しく糾弾している。その点、アモスや初期のイザヤの預言と似た内容の託宣が多く見られる。二・一―五、八―一一、三・一―四などがその例である。

ミカの預言で特に注目に値するのは、サマリアに対しても、エルサレムに対しても、神の徹底的な審判の言葉を語っていることである。全体として、激越な調子の預言が多いが、この預言者は、預言者的・宗教的語りに十分に習熟していることが読みとれる。全体の導入の部分では、神の顕現が描写されているが、それは諸国民に対する呼びかけに始まり、大地とそれを満たすものすべてに対して聞くことを求め、宇宙的表象をもって神の世界審判を告知している（「ミカ書」一・二―四）。「ミカ書」一・一〇―一六は本文の損傷が著しく、正確に読解することは難しいが、おそらくミカの出身地モレシェトを含むユダの南西地域の町々が、前七〇一年のアッシリアの攻撃によって破壊されたことを嘆く言葉であると思われる。サマリアに対する審判は、一・六―七に記され、エルサレムに対する審判は、三・九―一二に見られる。その結びの言葉は、約百年後にエレミヤがエルサレム神殿の破壊を預言して逮捕され、処刑されようとした時、ユダの長老たちがその預言を記憶しており、かつてヒゼキヤとユダの人々は謙虚にミカの言葉に耳を傾けて神の審判を免れたとし、エレミヤを救い出したことが記録されている（「エレミヤ書」二六・一七―一九）。有名な言葉なので、ここに引用しておく。

それゆえ、おまえたちのゆえに
シオンは耕されて畑となり

エルサレムは石塚に変わり
神殿の山は木の生い茂る聖なる高台となる。（「ミカ書」三・一二）

ミカの預言には、イザヤのようにナタン預言に記されている（「サムエル記」下七章）、神のエルサレムに対する約束を保持する姿勢はまったく認められない。しかし、エルサレム伝承を否定するミカの預言も、イザヤの預言と同様に書き残されて伝えられたことは重要である。それぞれの預言者の確信に基づく発言は、具体的問題についての相違にもかかわらず、十分に尊重されたと思われる。ミカは一方で、報酬のために預言する預言者を激しく非難しているが、他方で自分の確信を次のように述べている。

しかし、わたしは力と主の霊
正義と勇気に満ち
ヤコブに咎《とが》を
イスラエルに罪を告げる。（「ミカ書」三・八）

ミカの預言は、強い正義感と貧しい民衆への共感を示して印象深い。彼の預言活動はサマリアの陥落（前七二二年）から、センナケリブのユダへの侵攻（前七〇一年）までかなりの長期に及んでいるが、地方出身のためか、残された預言は、極めてわずかで断片的である。

**アッシリアの平和と預言の伝統**

「ミカ書」の後半には、アモスやホセアの預言と類似したものが少なくない。特に六章は、全体としてアモスとホセアの預言を思わせる言葉を多く含んでいる。特に六・六―八の祭儀批判は、「アモス書」（五・二一―二七）と「イザヤ書」（一・一〇―一七）の祭儀批判を想起させる。

前七世紀前半は、アッシリア帝国の確立によって、世界は一時全般的な平和と秩序が維持された時代であった。しかしこの時代に、前八世紀後半の審判の預言者たちの預言は、ユダにおいてそれなりの評価を受けて記憶され、次第に書きとめられ、まとめられた。そのような事情は決して審判の預言についてだけではなく、イザヤの終末的な平和の預言、メシアを待望する預言についても同様だったと思われる。

「ミカ書」四・一―三は、「イザヤ書」二・二―四のエルサレムを中心とする平和の預言を、ほぼ文字どおりに再録している。また、ユダのベツレヘムから、「イスラエルを治める者が出る」というメシア預言も加えられている（「ミカ書」五・一―四a）。

この時代に、イザヤの弟子たちが書き記したと思われる世界平和の預言についても、一言言及しておきたい（「イザヤ書」一九・一六―二五）。この預言は、イスラエルがエジプトとアッシリアという両大国の間にあって、世界の平和を支える三本の柱の一つとなるであろうという気宇壮大なスケールを持つものである。その内容は、多少民族主義的にすぎると言えなくもないが、アッシリアの従属国とされ、エジプトとの間の緩衝地帯の一小国となったユダ王国が、政治的・外交的にきわめて屈辱的な状況に置かれた惨めさをまったく感じさせない言葉である。その雄大な気宇を示す預言をここに引用しておきたい。

その日には、エジプトからアッシリアまで道が敷かれる。アッシリア人はエジプトに行き、エジプト人はアッシリアに行き、エジプト人とアッシリア人は共に礼拝する。
その日には、イスラエルはエジプトとアッシリアと共に、世界を祝福する第三のものとなるであろう。万軍の主は彼らを祝福して言われる。
「祝福されよ
わが民エジプト
わが手の業なるアッシリア
わが嗣業なるイスラエル」と。（「イザヤ書」一九・二三―二五）

# Ⅵ　アッシリア帝国から新バビロン帝国へ

# 一　時代の転換

**拡大しすぎたアッシリア帝国**　前七〇一年、ヒゼキヤはアッシリアのセンナケリブの攻撃の前に降伏した（「列王記」下一八・一四―一六）。おそらく彼の治世は次の年で終わり、前六九九年にその子マナセが後を継いだと思われる。マナセは十二歳で王となり、五十五年間エルサレムで王位にあったとされている（「列王記」下二一・一）。

しかし、マナセの後に王となったアモンの即位が前六四二年だとすれば、マナセの治世は五十七年に及んだことになる。終始、アッシリア帝国の王の政策に沿って行動した結果、ユダの王アザルヤの五十二年を上回るユダ王国史上最長の治世を維持することになったのである。

「列王記」は彼の治世について、ユダの王の中で最低・最悪との評価を与え、ユダ王国滅亡の最大の原因だとしている（「列王記」下二一・一―一六、二三・二六―二七）。はたして、これが客観的に妥当な評価と言えるかどうかは別として、常識的には前七世紀前半の時代において、政治的に他の選択肢はほとんどなかったと言うほかはないであろう。しかし、その間に世界の歴史が停止していたわけではない。

センナケリブは、エルサレムを破壊しなかったが、何度も反抗を繰り返したバビロンを前六八九年に征服し、徹底的に破壊した。この点から見ても、マナセのアッシリアへの従属政策はやむをえないものであったと思われるのである。他方アッシリアの歴史を見ると、暴君であったセンナケリブは息子たちに殺され、末子であったエサルハドン（前六八〇—前六六九年）が王位を継ぐと、前六七一年にはエジプトをも併合し、アッシリアは文字どおりの世界帝国になった。しかし、拡大しすぎた帝国は、長くその支配体制を維持することはできなかった。

## アッシリア帝国の没落

アッシリア帝国の没落は、予想以上に早く訪れた。エサルハドンの後を継いだアッシュルバニパル（前六六八—前六二七年）は、治世の初めにエジプトへの遠征を繰り返してその支配を確認したが（前六六七年、前六六三年）、前六五五年にはプサンメティコス一世（前六六三—前六〇九年）がアッシリアの支配から離脱した。

しかし、被征服国が帝国の支配を離脱する動きとともに、帝国の支配体制内部の対立は、急速に帝国を弱体化させた。エサルハドンの後継者として西方を支配したアッシュルバニパルに対して、兄のシャマシュ＝シュムウキンが、バビロンを中心に東方の支配者となり、両者が互いに争った戦争（前六五二—前六四八年）は、帝国の没落を決定づけたと言っても過言ではないであろう。

アッシュルバニパルは、一方で敵対する兄が支配していたバビロンを破壊したが、文化的には二ネベに大図書館を建設して、古代オリエント文化の遺産を楔形《くさびがた》文字に刻んで保存するという貢献をした。世界帝国の拡大は、他方で伝統文化を破壊することを意識したうえでの事業であったと言えるであろう。

アッシュルバニパルが死を迎えた時期は、アッシリアに代わる勢力が次々と台頭してくる時期でもあった。ユダでは、マナセの後を継いだアモンが、わずか二年の在位（前六四二―前六四〇年）の後に家臣によって殺された。おそらく、対アッシリアの政策をめぐる宮廷革命の結果であったと思われる（「列王記」下二一・一九―二三）。

しかし、長らくアッシリアの政治的・宗教的支配に屈従することに不満を抱いていた地方の豪族（国の民）は、結束して宮廷革命を行ったグループを排除し、アモンの子でまだ八歳であったヨシヤを立てて王とした。彼の背後にいたのは、明らかに反アッシリアの立場で、民族的・宗教的復興を志すグループであった。

「歴代誌」を見ると、ヨシヤ王はすでに治世の八年（前六三二年）に、父祖の宗教を回復する志を立て、治世の十二年（前六二八年）には、当時エルサレムとユダに持ち込まれていた異教的な偶像や祭壇の排除を始めたという（「歴代誌」下三四・三―七）。

エレミヤが預言者としての召命を受けたのは、次の年のことであった（前六二七年。「エレミヤ書」一・二）。次いでバビロンにはカルデア人のナボポラサル（前六二六―前六〇五年）が立って、新バビロン帝国が発足し、メディアにはキュアクサレス（前六二五―前五八五年）のもとにメディア帝国が発足した。ナボポラサルとキュアクサレスは同盟し、前六一二年にアッシリアの都ニネベを占領、前六〇九年にはその残党をハランで撃ち、ここでアッシリア帝国は完全に滅亡した。

アッシリア帝国の没落から、新バビロン帝国によるユダ王国の滅亡までの約四十年間に渡って、預言者として活動したのはエレミヤであった。彼と同時代には四人の民族主義的な宮廷預言者がいたが、その預言は書き残されている。エレミヤの預言を取り上げる前に、この四人の預言者について簡単に触れておきたい。

## 二　宮廷預言者たち

### 宮廷預言者

古代イスラエルにおいては、もともと預言者的な指導者であるモーセが、民族そのものの形成者であった。王国の設立も、サムエルという預言者なしには実現しなかったであろう。預言者のサムエルが持っていた権威は、特に祭儀の場面では明確に王であるサウルに優っていたが、政治や軍事の面でも最終的権威は預言者の手に保持されていたと言えるだろう。

ダビデは、自分の王国を確立したいと考えていたので、サムエルのような預言者の支配を望んでいなかったのは当然だが、それにもかかわらず、宮廷において預言者ナタンに働きの場を与え、その権威を承認することによって、ヤハウェ宗教と王国との相互補完的関係を維持しようとした。それがイスラエルにおいて、ダビデが理想の王としての地位を長く保つことのできた理由であると言えるであろう。

ソロモンは、宗教の領域にまで自己の支配権を拡張したが、知恵を誇る彼にとって、実はこのことが大きな誤まりであったというのが、ソロモンの治世を記述している「列王記」（上三・一―一一・四三）の著者の判断である。

それに反して、「列王記」でヒゼキヤの評価が高いのは、エルサレムの政治と宗教の領域、特に宗教の面で預言者イザヤの助言を極力尊重した結果であると見てよいであろう（「列王記」下一八・一―二〇・二一）。イエフ王朝の成立に貢献した預言者エリシャが、サマリアにおいても確固たる地位を持っていたことは、「エリシャ伝」の随所に認められる（「列王記」下三・一―八・五）。

ヨシヤ王の治世になって、彼を擁立した「国の民」も、預言者の助言を尊重することを求めたと思われる。ヨシヤの時代には、エレミヤのほかにゼファニヤ、ナホム、ハバククなどの預言者が宮廷で預言活動を行っており、彼らの預言の書が旧約正典の「十二小預言書」の中に残されている。

## 預言者の種類

「十二小預言書」の中で「オバデヤ書」は最も短い預言書だが、これはエルサレムがバビロンに占領された時、隣国のエドムがユダの南方の地域を不当に占領したことを非難する預言である。そのうち一―九節はほとんど同じ文言で、「エレミヤ書」四九・七―二二に組み込まれている。

こうしてみると、旧約正典を編纂した人々の目には、古典的な審判の預言者と民族主義的な宮廷預言者、あるいは祭儀預言者との間に本質的な区別は必ずしもなされていなかったと考えられる。なかでも預言書に数多く収録されている諸国民に対する預言（特に「イザヤ書」一三―二三章、「エレミヤ書」四六―五一章、「エゼキエル書」二五―三二章）は、もともと祭儀の場で民族主義的立場から諸国民を非難する儀礼が行われていたが、そのような場で語られていた預言と本来は関係するものであったと言えよう。民族国家の祭儀内容が民族主義的傾向を帯びるのはやむをえないだろう。

イスラエルの古典的預言者を始めとして、神の超越的性格に触れた預言者たちは、宗教の民族主義的な側面を厳しく否定して普遍的立場に立とうとしたが、民族国家の滅亡に直面して、ユダ王国にも民族主義的預言者がかなり活動していたし、国が滅びた後にも、ヤハウェ宗教の固有性を民族の間に保持して、その立場から教団国家としての再建の道を模索しようとしていたのである。

預言における民族主義的な傾向、または祭儀的役割に対しては、古典的預言者の場合には強い緊張関係があったが、預言と民族主義的祭儀は必ずしも常に相互に排他的であったとは言えない。

古典的預言者たちは、両者の区別が必要とされる時には、命を賭けてその相違を明らかにしようとしたが、その区別が常に明白であったわけではない。

「詩篇」には、はっきりと神の言葉として語られている預言者的な言葉が少なくない。例えば、「詩篇」八二・二―四、六、同五〇・五、七―一三、一六―二三、同八一・七―一五、同二・六―九などである。これらの詩篇の内容についてこの場で立ち入ることはしないが、預言と祭儀、あるいは預言と政治の関係を、簡単に一般化して論ずることは難しい。ただし、古典的な審判預言の場合は、政治権力や伝統的な民族主義と対峙し、徹底して批判することを恐れず、厳しい状況下においても批判を貫徹する力量が示されている。

このような立場から厳しい批判を語る預言者たちは、自己の預言の根拠としての神の言葉、あるいは幻の受領体験について語り、それについての反省を常に深めていたと言えるであろう。

## ゼファニヤの預言

ゼファニヤは、ヨシヤ王の治世の初期に活動した預言者であり、イザヤの預言の影響が強い。「ゼファニヤ書」一・一で、彼はヒゼキヤの四代目の子孫であるとされている。おそらくエルサレムの宮廷の支持のもとに、従来のエルサレムの支配階級の堕落を批判する役割を担ったのであろう。「ゼファニヤ書」一・二―二・三で繰り返されている、終末的審判の時を意味する「主の日」「主の怒りの日」についての預言は、印象深いものとして一般によく知られている。その中で、アッシリア帝国時代に導入された異教的なものをエルサレムから排除せよ、という激しい言葉が重ねられている。結びの言葉は、アモスの祭儀批判で語られた言葉を思い起こさせる（「アモス書」五・一五）。

主を求めよ。
主の裁きを行い、苦しみに耐えてきた
この地のすべての人々よ
恵みの業《わざ》を求めよ、苦しみに耐えることを求めよ。

主の怒りの日に
あるいは、身を守られるであろう。（「ゼファニヤ書」二・三）

「ゼファニヤ書」二・四—一五は、諸国民に対する審判の言葉であり、一見アモスの諸国民に対する預言（「アモス書」一・二—二・三）とよく似ているが、アモスが民族主義的立場を明確に克服しているのに対して、ここでは民族主義の立場が明らかである。

そこで批判されている国々は、ペリシテ、モアブ、アンモン、エジプト、アッシリアなどであるが、ペリシテ、モアブ、アンモンの土地を奪って、ユダが受け継いだとしている。また、神はエジプトを撃つだけでなく、アッシリアを滅ぼし、ニネベを荒廃させたという。三章では、エルサレムに対する審判の言葉とともに（一—四節）、回復の預言がなされている（五節）。さらに諸国民に対しても審判の言葉とともに（六、八節）、回復と和解の言葉が語られ（九—一三節）、最後にエルサレム復興の約束が語られている（一四—二〇節）。

## ナホムとハバクク

ナホムの預言は、もっぱら前六一二年のニネベの陥落の出来事に集中している。ニネベはセンナケリブがアッシリアの首都として、神殿と宮殿を築いて都とし、さらにアッシュルバニパルは図書館の建設を始めとする文化的事業をもって都を装ったが、メディアのキュアクサレスと新バビロンのナボポラサルの攻撃によってニネベは落城した。

「ナホム書」は、全三章のすべてがニネベの陥落を喜び祝う戦勝歌であり、ニネベに対する嘲笑歌である。ただし第一章の前半は、審判のために自然の災害を伴う神の顕現がなされる様を描いている。ヤハウェは熱情の神、報復の神であるとして、その熱情を民族主義的立場と結びつけてはばかることがない。

「ナホム書」二・一の、「見よ、よい知らせを伝え　平和を告げる者の足は山の上を行く」という言葉は、ほぼそのまま「イザヤ書」五二・七でも使われている。ここで「よい知らせ」とは、ニネベ陥落のことであり、「第二イザヤ」では、バビロン陥落のことである。

預言者ハバクク／ドナテロ作，フィレンツェ-ドゥオモ博物館　撮影・提供＝和田幹男

帝国の支配の終焉が、屈従を強要されていた民族解放の前提である。帝国の都が倒れることに歓喜するのは民族主義の立場からは当然だが、そのことによってヤハウェ宗教における超越性と普遍性は隠されてしまう。宗教がこの次元を完全に越えるには、まだまだ多くの脱皮を必要としたのである。

ハバククの預言は一転して、アッシリア帝国を倒して新しく興隆してきた新バビロン帝国の急速な侵略に対する恐れを語っている（「ハバクク書」一・五―一一）。そして、世界が力によって破壊されていく不条理について、神に訴えて助けを求めている（一・二―四、一二―一七、二・一）。それに対して、神はもう一つの幻があることを約束し、遅くなってもそれを待つようにと命じている（二・三）。結びの言葉（二・四b）は、パウロの手紙に引用された有名な言葉である（「ローマの使徒への書」一・一七）。

見よ、高慢な者を。
彼の心は正しくありえない。
しかし、神に従う人は信仰によって生きる。（「ハバクク書」二・四）

ハバククは、時代の急速な変化の中で苦しみながら、必死に歴史的現実の不条理の意味を知ろうとしている。次のような箇所がそのことを示している。

災《わざわ》いだ、流血によって都を築き
不正によって町を建てる者よ。
見よ、これは万軍の主から出たことではないか。

諸国の民は力を費やしても火で焼かれるのみ。
諸民族はむなしい業のために疲れ果てる。
水が海を覆うように
大地は主の栄光で満たされる。（「ハバクク書」二・一二―一四）

「ハバクク書」の第三章は、「ハバククの祈り」と題されているが、擬古的な文体で神の世界支配について歌った預言者的な歌である。

## 三　最後の古典期預言者エレミヤ

### エレミヤが活動した時代

「エレミヤ書」の表題（一・一―三）に、彼の出自と活動の時代について簡単に記されており、召命はヨシヤの治世の第十三年（前六二七年）とされている。すでに本章の初めでも述べたように、エレミヤの召命の年は、アッシリア帝国から新バビロン帝国への転換が最も尖鋭に感じられた時期であった。

四十年の治世を誇ったアッシュルバニパルが死んで（前六二七年）、さすがの大帝国も、後継者としてそれぞれ西と東の統治を委ねられたアッシュルエテルイラニとシンシャクイシュクンの兄弟が争った結果、急速に崩壊への歩みを始めたのである。すでに大王の死の前年（前六二八年）、ヨシヤ王はエルサレムの積極的な改革を始めていた。続いてバビロンとメディアに新しい帝国の形成者として、ナボポラサルとキュアクサレスが登場してくる。

エレミヤは、ユダの王ヨシヤ（前六四〇―前六〇九年）、ヨヤキム（前六〇八―前五九八年）、ゼデキヤ（前五九七―前五八七年）の治世、合わせて四十年あまりを預言者として活動したとされている。さらにその間には、エジプト王ネコ二世によって廃位されたヨアハズ（前六〇九年）と、第一回バビロン捕囚となったヨヤキン（前五九八―前五九七年）の二人の王がいるが、表題では省略されている。

エレミヤの四十年余の活動の後半において、彼は王の政策と対立することが多くあったが、王たちからは少なからぬ敬意をもって遇されていた。しかし彼は、前節で取り上げたような民族主義的宮廷預言者ではなかった。彼は、ベニヤミン族のアナトトに住む祭司ヒルキヤの子であったが、初期のエレミヤは宮廷とはほとんど関係を持っていなかった。ヨシヤ王が宗教改革の基礎とした「律法の書」（「列王記」下二二・八）の真偽を鑑定したのも、エレミヤではなくエルサレムのミシュネ地区に住んでいた女預言者フルダであった（「列王記」下二二・八―二〇）。その時の大祭司ヒルキヤとエレミヤの父は、同名であるが当然別の人物である。

権力の座からは離れて育っただけに、当時彼ほど明確な召命の体験をした者は他にいなかったと言えよう。そして、その召命体験はモーセの召命と似た性格を少なからず示している。また、彼の預言活動は、様々な苦難を経てついにモーセの宗教そのもの

預言者エレミヤ／システィーナ礼拝堂

の更新につながる次元に突き抜けていったのである。そのことを端的に示すのが、「新しい契約」の預言である（「エレミヤ書」三一・三一―三四）。

この預言は、すべての学者がエレミヤのものと認めているわけではないが、エレミヤのように民族とその宗教の問題に徹底的に取り組んだ人物以外には、このような預言を語り出しうる可能性はほとんど絶無であったことだけは断言できよう。

## エレミヤの召命

エレミヤの召命の記事（「エレミヤ書」一・四―一九）において、すでに彼の預言と人物の性格が表されている。その一つは、彼の使命の根源性と普遍性であり、もう一つは、彼の使命と使信がその人間性を通して、日常の現実に具体的に貫徹することを目指しているということである。

まず、根源性と普遍性について言えば、神はエレミヤに、「わたしはあなたを母の胎内に造る前から　あなたを知っていた」（「エレミヤ書」一・四）と呼びかけている。彼は民族の歴史の中で、人類の歴史の問題を考え抜くことを課題とした。神は、彼を「諸国民の預言者」とするために、生まれる前から聖別したというのである。このように大きな課題を示されて、若いエレミヤが尻込みをしたのも当然である。しかし、神は彼を押し出した。「誰のところへ遣わしても、彼らを恐れるな。わたしがともにいて必ず救い出す」と神は約束している。それはモーセが、神によってファラオのもとに遣わされた時の状況（「出エジプト記」三・一一—一二）に酷似している。

神は、エレミヤの口に手を触れて、語るべき言葉を与えた。それは諸国民・諸王国に対して、「抜き、壊し、滅ぼし、破壊し　あるいは建て、植える」（「エレミヤ書」一・一〇）権威を伴った言葉である。混沌とした世界の背後に、神の言葉が働いている。一つの民族が生き残ることができるかどうかは、神の言葉をどう受けとめるかによっているというのである。

エレミヤは、その時二つの幻を与えられた。一つはアーモンド（シャーケード）の枝である（「エレミヤ書」一・一一—一二）。これはヘブル語では語呂合わせになっていて、「見張っている」（ショーケード）という言葉に通じる。歴史の転換には神の意志が働いている。預言者は、この神の働きを見張っていなければならない。もう一つは「煮えたぎる鍋」である（「エレミヤ書」一・一三—一四）。この表象を預言者エゼキエルは、エルサレムについて使っている（「エゼキエル書」一一・一—一三、二四・一—一四）。エルサレムは鍋で、その中の人間は肉であり、鍋が赤くなるまで焼く火はバビロンである（「エゼキエル書」二四章）。

エレミヤの場合、鍋は「北からの災い」である。北から襲いかかって、この地に住むすべての者を自分の中に投げ込んでしまう。「北からの災い」は、当面どの国を指すのかが明示されていないが、やがてそれは新興のバビロン帝国を指していることが明らかになる。バビロンの攻城の方法を描いた一五節は、その段階での加筆であろう。エレミヤが見た幻は、二つともきわめて日常的なものであるが、それを通して、神の支配が預言者の働きを伴って歴史的現実に貫徹していくことを示している。

最後に神はエレミヤに、勇士の如く語って恐れるなと命じ、もう一度「わたしがあなたとともにいて、救い出す」（「エレミヤ書」一・一七―一九）と約束している。

## 初期の預言

エレミヤの初期の預言の具体的テーマは二つある。一つは、北イスラエルに対する悔い改めの呼びかけであり（「エレミヤ書」二・一―四・四）、そしてもう一つは、北からの災いについてである（「エレミヤ書」四・五―三一、五・一五―一七、六・一―九）。

ヨシヤ王の治世の第十二年（前六二八年）に、王はユダとエルサレムの改革を始めたが、それだけではなく、マナセ、エフライム、シメオン、さらに北方のナフタリ地方にまで異教からの浄化を行ったと記されている（「歴代誌」下三四・五―六）。これは、エレミヤの召命の前の年である。まさに時代の転機が到来し、神は北イスラエル回復の約束を実現しようと見張っているとエレミヤは感じたのであろう。

もともと北イスラエルの部族であるベニヤミン族出身のエレミヤが、北イスラエルの復興を課題としたことは十分に理解できる。北イスラエルへの預言の最初と最後には、エルサレムへの語りかけが見られるが（「エレミヤ書」二・一、四・三、四）、これは編纂者の加筆であろう。「エレミヤ書」二・四—四・二の北イスラエルへの呼びかけは（ただし三・六—一一、一四—一八を除く）、ホセアの預言ときわめてよく似ている（特に「ホセア書」二・四—一九）。両者とも、ヤハウェとイスラエルの関係を、夫と妻との関係になぞらえている。問題として論じられているのは、妻であるイスラエルの背信行為である。これが、やがてエレミヤの「新しい契約」の預言に至る伏線になっている。しかし、もう一つの課題である北イスラエルとユダの再統合は、政治的に実現することはなかった。このことについて、エレミヤの切々と迫る預言が残されているが、この預言が実現する可能性はもはやなかった。

北からの災いを告げる預言は、きわめて激越な調子で語られている。アッシリア時代の後半に、コーカサスの北方から侵入してきた騎馬民族のスキタイ人や、キンメリア人が、当時のオリエント世界の各地を荒し回ったことが知られている。ヘロドトスは、プサンメティコス一世の時代に、スキタイ人がエジプトの入口まで押し寄せ、帰途ペリシテのアシュケロンの神殿を荒らし、掠奪していったことを記している（「歴史」第一巻一〇五）。

定住の民にとって、騎馬民族の突然の来襲は恐怖そのものであった。若いエレミヤは、戦いの噂に激しい恐怖を感じて、北から敵が来襲することを告げた。しかし、幸か不幸かスキタイ人がユダを襲うことはなかった。戦争と掠奪の噂はあちこちから聞こえてきたが、北からの災いを告げるエレミヤの預言は実現しなかった。若いエレミヤにとって、この預言は嘲笑と迫害を招く結果となったのである。

## ヨシヤ王の宗教改革

宗教改革は、ヨシヤ王の治世第十八年に始まった。王の命令で神殿の修理が行われていた時、「律法の書」が見つかった（「列王記」下二二・三―二〇）。この書は、現在の「申命記」の主要部を成していると考えられる。ここで発見された新しい律法は、イスラエルの聖所はただ一つであり、他の聖所はすべて先住民の異教と関係しているから破壊するようにと命じている（「申命記」一二・一―一二）。

これは、アッシリア帝国の衰退が著しいとはいえ、その属州サマリアの権力を無視し、性急に南北統一の政策を、宗教的側面から補完しようとする過激な意図を持つものと言えるだろう。この企てはヨシヤ王の固い決意のもとに、強い宗教的・民族主義的情熱を伴う運動として展開された。エルサレムの聖所を除いて、他の一切の宗教的遺産を否定するこの過激な運動は、レビ人の排他的な信仰の復興によるところが多いと思われるが、地方聖所の祭司たちの強い抵抗と反論を呼び起こしたのも当然である。

ところで、預言活動を始めて四年が経過したエレミヤは、北からの災いを警告していたそれまでの預言が実現せず、民の不信を招くという経験に直面していた。この経験は、南北の統一に失敗したヨシヤ王もある程度共有したものと言えよう。

アッシリアの衰退は確実になっていたが、百年前にサマリアに入植した権力は、必ずしもそれと並行して衰えてはいなかった。長年のバアル宗教の感化を、根底から排除することが民族復興の前提であったので、ヨシヤ王の改革はそのことを目指し、エレミヤもこれに同調した。エレミヤは、「この契約の言葉に聞き従わない者は呪われる」という言葉を、神から出たものと受けとめ、それに応えて「アーメン、主よ」と言ったと記されている（「エレミヤ書」一一・一―五）。

新しく発見されたモーセの「律法の書」に従って、これまでの宗教的遺産を堕落したものとして否定するところに、古代イスラエルの宗教が、根本的には預言者的創唱宗教の性格を継承していたことを示していると言えよう。

## エレミヤと改革

ヨシヤ王の宗教改革の歴史的意義は、計り知れないものがある。しかし、それにもまして改革の問題に取り組んだエレミヤの真実を追求してやまない厳しさは、預言者的創唱宗教の真の徹底性を示すものである。

「申命記」を読むと、宗教生活の意識化にどれほどの努力が払われたかを知ることができるが、例えば、次のような戒めが記されている。唯一の神を愛する時は、「心を尽くし、魂を尽くし、力を尽くして」なすべきである（「申命記」六・五）。神の戒めを「心にとめ、子供たちに繰り返し教え、家に座っている時も道を歩く時も、寝ている時も起きている時も、これを語り聞かせなさい」

（「申命記」六・六―七）。おそらくこれは、信仰の意識化のやりすぎであるとすら言えるであろう。しかし、エレミヤはもっと徹底していた。神はエレミヤに問うた。

広場で尋ねてみよ、一人でもいるか
正義を行い真実を求める者が。
いれば、わたしはエルサレムを赦そう。（「エレミヤ書」五・一）

ところが彼は、結局一人もこのような人を見いだせない。そして身分の低い人から高い人まで、すべて訪ねて語り合ってみたと言う（「エレミヤ書」五・三―六、六・一三―一五）。エレミヤは、民の中に「金を試す者として」立たされたと言っている（「エレミヤ書」六・二七）。純粋な金なのか、金滓《かす》なのか、火を吹きかけて試すことを自分の課題と自覚したのである。やがて彼は、「申命記」の律法そのものを「書記が偽る筆をもって書き」、偽りとしたと断言するに至った（「エレミヤ書」八・八）。

「申命記」は、この律法を実行すれば、諸国民が「この大いなる国民は確かに知恵があり、賢明な民である」ことを認めるだろうとしている（「申命記」四・六）。そして、律法の言葉は身近にあって、「口と心にあるのだから、それを行うことができる」（「申命記」三〇・一四）というのが、改革運動の基調としての倫理的楽観主義だった。
それに対してエレミヤは、改革の担い手であるユダの人々について、「ユダの罪は、心の板に……鉄のペンで書きつけられて」いるとか（「申命記」一七・一）、「人の心は何にもましてとらえがたく病んでいる」と記して、次第に悲観的になり、ついには次のように言うに至った。

クシュ人は皮膚を
豹はまだらの皮を変えられようか。
それなら、悪に馴らされたおまえたちも
正しい者となりえよう。（「エレミヤ書」一三・二三）

ヨシヤ王の宗教改革は、モーセの律法を新しい時代に生かそうとするものであったが、エレミヤは律法主義の可能性を極めていく中で、シナイ契約を越えて、ついに「新しい契約」を預言するに至ったのである。

## エレミヤの告白

若いエレミヤは純情であった。北イステエルに呼びかけて、民族の回復を計ろうとした。しかし見るべき反響はなかった。北からの災いを警告した。しかし彼の意図の如何を問わず、当面の平穏を願う人々の反感を買った。彼は、地方聖所の廃止を含むヨシヤ王の宗教改革を支持した。しかし、同郷のアナトトの祭司の一族がそれに対して反発した。彼らは、エレミヤを暗殺しようとさえしたのである。

「エレミヤ書」には、「エレミヤの告白」と呼ばれる五つの箇所があるが、その最初のものは、この問題と関連している（「エレミヤ書」一一・一八―一二・六）。彼は、何よりも改革の本来の宗教的目的に賛同したのであろう。その時、彼は同族の人々の現実的利害などは考慮に入れなかったのである。まさにレビ人的純粋さである。「申命記」には、律法の実行のためには、いかなる親族の背信をもかばってはならないと命じている（「申命記」一三・七―一二）。

エレミヤは、改革のために親族の利益を無視したとして殺されかかった。彼は自分のことを屠所の羊のようだったとしている（「エレミヤ書」一一・一九）。彼は神に復讐を求めるだけでなく、神の支配への疑問すら訴えている（「エレミヤ書」一二・一―三）。神の答えは、同族との間で単純な善悪の判断が通用しないからといって疲れるようでは、広い世界の不条理の中でどうして預言者としての活動ができるのかというものだった（「エレミヤ書」一二・五―六）。たくましく大人でなければ、とうてい諸国民の預言者にはなれないというのである。

エレミヤは、厳しい使命のゆえに孤独であった。彼は、妻を娶《めと》るなと命じられた（「エレミヤ書」一六・一）。彼は、神の厳しい言葉を語るまいとしても語らずにはいられず、それゆえに孤独であった（「エレミヤ書」六・一一―一二）。また、神の言葉を語るがゆえの苦痛を味わわなければならなかった（「エレミヤ書」一五・一七―一八）。審判の預言を語ることは、決して彼が望んだことではない。むしろエレミヤは民のために祈り、とりなしをしようとしたのであるが、神によってそのことを禁じられたのである（「エレミヤ書」七・一六、一一・一四、一四・一一―一二、一五・一一―一二）。

エレミヤは、実現しなかった災いの預言のゆえに嘲けりを受け（「エレミヤ書」一七・一五―一八。第三の告白）、善意の預言に対して逆に命を奪う落とし穴を掘られた（「エレミヤ書」一八・一八―二三。第四の告白）。それゆえにエレミヤは、彼らに対して神の復讐を求めたが（「エレミヤ書」一五・五、一七・一八、一八・二一―二三）、彼が最後に争った相手は彼を迫害する人ではなく、まさに神自身であった。エレミヤは、ついに自分の生まれた日を呪うようになる（「エレミヤ書」二〇・一四―一八）。

しかし、エレミヤは神の前に自分の敗北を認め（「エレミヤ書」二〇・七―九）、ふたたび迫害に抗して自分の使命へと立ち返るのである（「エレミヤ書」二〇・一一―一二。第五の告白二〇・七―一八）。そして第二の告白（「エレミヤ書」一五・一五―二一）の結びの箇所を、われわれは、預言者としてのエレミヤの再任の言葉と見ることができるであろう。

あなたが帰ろうとするなら

わたしのもとに帰らせ
わたしの前に立たせよう。
もし、あなたが軽率に言葉を吐かず
熟考して語るなら
わたしはあなたを、わたしの口とする。
あなたが彼らのところに帰るのではない。
彼らこそあなたのもとに帰るのだ。（「エレミヤ書」一五・一九―二一）

## ヨシヤ王の死

ヨシヤ王によって始められた宗教改革（前六二二年）から、ヨシヤ王の死（前六〇九年）までの十年余りの間、預言者としてのエレミヤの働きは苦痛と挫折に満ちたものであった。彼の志すところは、決して素直に積極的に受け入れられることがなかった。「申命記」の律法による改革を、彼は真剣に受けとめようとしたが、折しもアッシリア帝国の没落は明白となり、前六一二年に都ニネベが陥落する頃には、一方にナホムの預言に見られるような民族主義的熱狂が高まりながら、他方ヨシヤ王の南北統一の回復は思うにまかせず、逆に前六〇九年にハランで、最後の抵抗を続けるアッシリアの残党を支援するために北上してきたエジプトの王ネコ二世の進撃を阻止しようとして、ヨシヤ王はメギドに出陣したが、逆にネコに撃たれて戦死してしまったのである（「列王記」下二三・二八―三〇）。

メギドは、地中海岸からイズレエルの平野に入る地点の要衝であり、ヨシヤがサマリア州の重要な砦にまで出陣したことは、彼の性急な判断によるものと思われる。

ヨシヤの改革を支持していた「国の民」は、ヨシヤの子ヨアハズに油を注いで王としたが、ネコ二世は彼を廃位し、その兄であったエルヤキムをユダの王とし、その名をヨヤキムと改めさせた（「列王記」下二三・三三―三五）。

こうして、ヨシヤ王が即位以来行ってきた政策はほとんど無に帰したと言えよう。しかし、エレミヤはヨシヤのために悲しんではいられない。むしろ連れていかれたヨアハズのために泣けという言葉を残している（「エレミヤ書」二二・九―一二）。

エレミヤは、ヨシヤの宗教改革を初めのうちは真剣に支持したが、やがて改革運動に期待することはなくなった。改革はすでに一定の役割を終えたというのが彼の判断であっただろう。預言者としてのエレミヤの活動の前半を、召命からヨシヤ王の死までとするならば、この時期のエレミヤは、北イスラエルの復興やヨシヤ王の改革などにかかわり、どちらかと言えば民族的復興運動に一定の期待をかける面があったと思われる。

しかし、そのような運動とのかかわりの中で、どこまでも真実を追求しようとする姿勢のゆえに、彼は次第に孤立するようになった。しかし、彼はふたたび自己の使命を捉え直し、ヨヤキムの時代になるとダビデ王国の滅亡も、エルサレム神殿の破壊をも越えて、遠くバビロン捕囚後に訪れる復興の時代を展望するに至ったのである。

## 神殿説教

前六一二年に、ニネベ陥落の報に湧き立ったエルサレムの人々は、前六〇九年のヨシヤ王の死、続いて王位を継いだヨアハズのエジプト王ネコ二世による屈辱的な廃位と、その兄ヨヤキムの擁立という急転直下の政治的変化の中で、不安のどん底に投げ込まれた。

年が明けて前六〇八年の正月、前六二二年のヨシヤ王の改革以来、唯一の聖所となっていたエルサレムに人々は集まった。人々はこの神殿の存立に最後の希望を託していた。そこにエレミヤは現れ、「主の神殿、主の神殿、主の神殿という空しい言葉に頼んではならない」と語りかけ（「エレミヤ書」七・四）、最後に、「わたしの名によって呼ばれ、おまえたちと先祖に与えたこの場所に対して、わたしはシロにしたようにする。わたしは、おまえたちの兄弟である、エフライムの子孫をすべて投げ捨てたように、おまえたちをわたしの前から投げ捨てる」という神の言葉を宣告したのである。（「エレミヤ書」七・一五）。

これらの言葉の文体は、「申命記」とそれ以後に民族の歴史文学を編纂した学派（申命記学派）の文体に酷似している。しかし、その内容は正反対である。ヨシヤ王の改革は、「申命記」の律法を基礎として、エルサレムの神殿を中心にユダ王国の民族主義的傾向を強化する方向を目指していたが、エレミヤはヤハウェの現臨を象徴する神殿の存在は、むしろ空しい幻想を与えるにすぎないとし、神殿の意味とともにユダ王国の民族主義を徹底的に批判したのである。

神殿説教の内容は「エレミヤ書」七・一―一五に詳しいが、その場面は二六章で述べられている。エレミヤの言葉を聞いたエルサレムの祭司と預言者たちは、エレミヤの罪は死にあたるとしたが、エレミヤは強く抗弁した。また長老たちは、百年前の預言者ミカの言葉を引いてエレミヤを弁護し、彼は辛うじて死を免れた。

この記事に加えて、別にウリヤという預言者がいて同様の言葉を語った。しかしヨヤキムがウリヤを殺そうとしたためにエジプトに逃れたが、ヨヤキムはそこからウリヤを連れ戻して殺害したと記されている（「エレミヤ書」二六・二〇―二四）。エレミヤは、ヨシヤ時代の有力者シャファンの子アヒカムによって保護された（「エレミヤ書」二六・二四）。ヨヤキムの宮廷には、エレミヤを支持する者がまだかなり多くいたのである。

エレミヤが神殿の破壊を預言したのは、一度にとどまらなかった。エルサレム城外の、人身御供《ひとみごくう》の行われた場所トフェト（別名ベン‐ヒノムの谷）で、陶器を砕く象徴行為とともに（「エレミヤ書」一九・一―一三、七・三〇―三四）、またそこからエルサレムに帰って神殿の庭で、同様の神殿破壊の預言を行っている（「エレミヤ書」一九・一四―一五）。

これらの言葉を聞いた神殿の最高監督者パシュフルは、彼を捕らえて一夜拘留した。エレミヤは、彼に対して審判の言葉を語ったが、以後エルサレムに近づくことはできなくなった。このように、エレミヤは神の約束の象徴としての神殿の意味を完全に否定したのである。

## ヨヤキムとヨヤキン

エジプトのネコ二世によって王位に就けられたヨヤキムに対して、エレミヤは最初から終始一貫対立した。執拗なエルサレム神殿に対する審判の預言活動を一応終えると、次にエレミヤは、ヨヤキムの治世第四年（前六〇五年）に、これまで語ってきた預言を書記のバルクに口述してまとめ、自分は神殿に近づくことを禁じられていたので、彼に命じて神殿に集まる人々に読み聞かせた（「エレミヤ書」三六章）。

それが実行されたのは、翌年の九月の断食の日であったという。これを聞いたシャファンの子ゲマリヤを中心とするグループは、その内容を王に取り次ぐことにした。同時に彼らは、エレミヤとバルクに身を隠すように勧め、巻物をヨヤキムの前で読んだが、王はそこに記されていた内容に耳を傾けず、一区切ごとにナイフで切って火に投じ、エレミヤとバルクの逮捕を命じた。

この時期に、シリア－パレスチナ方面の支配を確保しようとして北上したネコ二世を、新バビロン帝国の王子ネブカドレツァル（前六〇五－前五六二年）がカルケミシュで打ち破り、みずからの覇権をこの地方に確立するための第一歩を踏み出したのである。

ネブカドレツァルは前六〇五年、ネコを撃つとともに、病没した父王ナボポラサルの後を継いで二代目の王となった。エレミヤの巻物に、「バビロンの王が必ず来てこの国を滅ぼし、人も獣も絶滅させる」と書いていたことをヨヤキムが非難したとされているが（「エレミヤ書」三六・二九）、要はエジプト王ネコ二世に屈従してはならないというエレミヤの言葉が、王にとっては許しがたい部分であったのだろう。

しかし、ネブカドレツァルはやがてエルサレムにやってきた（前六〇一年）。ヨヤキムはネブカドレツァルに服従したが、三年が経過してからふたたび反逆したと「列王記」は記している（下二四・一）。この年（前五九八年）にヨヤキムは死に、その子ヨヤキンが後を継いだ。しかし三カ月後にはネブカドレツァルに降伏し、第一回の大規模なバビロン捕囚が行われた（前五九七年。「列王記」下二四・八—一七）。

エレミヤは、ヨヤキムについてはまったく否定的な評価しか示さなかった。彼は、ヨヤキムが王国の危機の時に贅沢な宮殿を建てたことを非難し、彼の死を悼む者はいないとしている（「エレミヤ書」二二・一三—一九）。

ヨヤキンについては、「列王記」の結びの部分に、捕囚となってから三十七年目（前五六〇年）に、バビロン王エビル＝メロダクによって名誉を回復されたと記されているので（「列王記」下二五・二七—三〇）、「列王記」を編纂した「申命記学派」の人々は、彼の子孫に捕囚後のユダ王国再建の望みを託していたのであろうが、エレミヤはその可能性をまったく否定している。エレミヤのヨヤキンに対する厳しい言葉が残されており（「エレミヤ書」二二・二四―三〇）、その結びには以下のように記されている。

主はこう言われる。
「この人を、子供が生まれず
生涯、栄えることのない男として記録せよ。
彼の子孫からは
だれ一人栄えてダビデの王位にすわり
ユダを治める者が出ないからである」（「エレミヤ書」二二・三〇）

## 第一回捕囚とエレミヤ

第一回バビロン捕囚以後、エレミヤの取った対応は、大胆であるとともにきわめて的確であった。エレミヤはバビロンに行ったヨヤキンに希望を託すことを拒否した。しかし、バビロン捕囚の民にこそ、エレミヤは将来の希望を託したのである。しかもそのことは、民族主義的に捕囚となった王をかついで、バビロンに対する反乱を防ぐことが第一の目的であったのである。

このことを示すために、エレミヤは、「良いいちじくと悪いいちじく」を象徴として預言した

(「エレミヤ書」二四章)。神は捕囚の民に恵みを与えて、やがてこの土地に連れ戻す。「建てて、倒さず、植えて、抜くことはない」というのである。それに反して、エレミヤはみずからユダに残留しながら、あえて王ゼデキヤを始めとする残留民を「悪いいちじく」に譬《たと》えたのである。彼らが捕囚の意味を解さず、単にユダ王国の存続を願う以上の見識を持たなかったからである。

それだけではなく、エレミヤはゼデキヤの即位にあたって表敬に訪れたエドム、モアブ、アンモン、ティルス、シドンの使節の前に軛《くびき》を首にはめて現れ、バビロンの軛を負う者だけが生き残ると断言したのである(「エレミヤ書」二七・一―一五)。それは、捕囚民の間にも、ユダの残留民の間にも、早期にバビロンに対して反乱を起こし、捕囚の民だけでなく、神殿の祭具などもすぐに戻ってくると主張する、民族主義的な預言者たちの運動がすでに予測されていたからである。そのグループの代表は預言者ハナンヤであり、彼との対決は、ゼデキヤの第四年(前五九二年)に行われた。この運動の危険性を知り抜いていたエレミヤは、断固としてハナンヤを退け、この対決に勝利したのである(「エレミヤ書」二八章)。

エレミヤが真剣に生き残ることを考えたのは、ヤハウェの民としてのイスラエルであって、ヨヤキンやゼデキヤをかついでユダ王国の性急な復興を試みることでは決してなかった。帝国主義の力に無謀な反抗を試みて、みずから絶滅を招くことはエレミヤの選ぶところではなかった。

ハナンヤとの対決の後、エレミヤはバビロン捕囚に向けて、長く懇切な手紙を書いた。その地で落ち着いて生活し、七十年後には訪れるであろう帰還の時を目標として力を蓄え、決して反バビロン運動を扇動する預言者たちに従ってはならないと説得したのである（「エレミヤ書」二九章）。

ユダヤ教の伝説によれば、ユダヤ教の会堂（シナゴーグ）の制度は、捕囚期に始まった。たしかに、エレミヤによってヤハウェ宗教は、ユダの土地とエルサレムの神殿なしに存立しうる、離散（ディアスポラ）の教団へと変身する可能性を見いだしたのである。

## ユダ王国の滅亡とエレミヤ

すでに見てきたように、エレミヤの宗教は、ユダ王国の存立と不可分な狭い民族主義の立場を高く越えていた。エレミヤはカルケミシュの戦い（前六〇五年）の折、王ヨヤキムに読ませるために書き記した預言の中で、ネブカドレツアルを、ヤハウェの僕《しもべ》と表現している（「エレミヤ書」二五・九）。また、ユダ王国最後の王となったゼデキヤの即位の際に、首に軛をはめて預言した言葉の中にも同様の表現が見られる（「エレミヤ書」二七・六）。

バビロンによるエルサレムの攻城の期間のことについては、「エレミヤ書」の中に、エレミヤの書記であったバルクが書きとめたと思われる預言者の言動についての詳細な記録が残されているが、ゼデキヤがエレミヤに助言を求めた時、その答えは常に、バビロンに降伏するほかに救われる道はないというものであった。

エレミヤは、エルサレム包囲の初期にも降伏を勧めているし（「エレミヤ書」二一・九）、包囲中にも同様の意見を述べたので、それを聞いた者たちはエレミヤの処刑を王に求めたという（「エレミヤ書」三八・一―一三）。その後さらに、王が密かにエレミヤに意見を求めた時も、降伏だけが生き残る道であることを具体的に述べている（「エレミヤ書」三八・一四―二八）。

しかしエレミヤは、単に抵抗しがたい帝国の力を容認する現実主義者であったのではない。現実を無視することはできないが、現実が変化することもまた事実である。変化していく歴史的現実の中で、何が真に守るべきものであるのか。それは、ヤハウェ宗教による相互主体的な共同体の中にのみ保たれる生の営みではないだろうか。それこそが神の民イスラエルの本来のあり方であり、そのためには、ユダヤ人の王国もエルサレム神殿も不要であるとエレミヤは考えたが、しかし彼は現実的に、ユダ周辺の土地はユダの存続のために必要と考えたようである。

エルサレムの包囲中に、彼は郷里アナトトの親族の土地を買い取る権利が生じたことを知らされると、正式に証書を作成し、代金を支払ってその土地を購入したという（「エレミヤ書」三二・六―一五、三七・一一―一二）。この行為は、民族復興の時のために象徴的意味を持つ預言にほかならなかった（「エレミヤ書」三二・一六―四四）。

エルサレムが落城した時、エレミヤはバビロン軍によって丁重に扱われた（「エレミヤ書」四〇・一―六）。第二回目の捕囚の移送が行われた時、エレミヤはバビロンに行くことも、ユダの地に残留することも自由とされたが、彼は後者を選んだ。バビロン軍が残留民の総督としたのは、シャファンの孫ゲダルヤであり、エレミヤも彼を支持していたが、不幸にも彼はダビデ王家につながるイシュマエルに殺され、バビロンの報復を恐れる人々は、エレミヤの助言を受け入れないだけでなく、むりやりに彼を伴ってエジプトに逃れ、それ以後の彼の消息については何も伝えられていない（「エレミヤ書」四〇・七―四四・三〇）。

## 新しい契約

人間的に見るならば、エレミヤの生涯は一体何であったのだろうか。彼の生涯は戦いの連続であった。その戦いは、端的に言えば真の宗教を求める戦いであったと言えよう。彼は自分のことを、国中で「争いの絶えぬ男　いさかいの絶えぬ男」であると言っている。みずから預言者としての権威以外のいかなる権力もなしに、民と対決しながら民族の生き残る道を模索し、その行方を示そうとしたのである。しかも、その最後は不本意なエジプト下りで閉じられ、モーセと同様に、その墓の場所を知る者はいないのである。

「エレミヤ書」の編纂には書記のバルクが貢献したであろう。彼の立場は、エレミヤの預言の固有性を知りながらも、申命記学派に近いものであった。エレミヤの預言には、ダビデ王朝の回復、シオン－エルサレムの回復を預言する言葉が多く書き加えられている（「エレミヤ書」三・一四―一八、三〇・一―三一・一四、三三章など）。

これらの預言は、申命記学派が残した復興の希望を示している。しかし、エレミヤ自身の預言としては、何と言っても「新しい契約」こそが、彼の精神から生まれたと言わなければならないであろう（「エレミヤ書」三一・三一―三四）。

彼は、宗教を民族の次元から個人の次元に据え直したと言えるだろう。彼は神について、「人のはらわたと心を究める」方と言っている（「エレミヤ書」一一・二〇、二〇・一二）。彼はまた、終末の時には集団責任論は一切否定され、各人がそれぞれ自分の罪を背負うと言っている（「エレミヤ書」三一・二九―三〇）。この立場は、エゼキエルによっても明瞭に受け継がれている（「エゼキエル書」一八・二）。

「エレミヤ書」三一・一、一五―二〇、二七などの預言は、ホセアの預言ときわめてよく似ている。しかし、エレミヤの「新しい契約」の預言はさらに一歩を進めている。ここに、その主要な部分を引用しておこう。

「わたしの律法を彼らの胸の中に授け、彼らの心にそれを記す。わたしは彼らの神となり、彼らはわたしの民となる。そのとき、人々は隣人どうし、兄弟どうし、『主を知れ』と言って教えることはない。彼らはすべて小さい者も大きい者もわたしを知るからである、と主は言われる。私は彼らの悪を赦し、再び彼らの罪に心を留めることはない」（「エレミヤ書」三一・三三―三四）。

「小さい者も大きい者も」一人一人がという表現は、真実を追求したエレミヤが繰り返し問い直した問題意識につながっている（「エレミヤ書」五・一―六、六・一三、八・八―一二）。

エレミヤは、最後の古典期の預言者として、モーセに始まるイスラエル宗教の課題を極限にまで追求し、それが被っていた民族的性格の最後の殻を破って、まったく新しい次元を展望するところにまで達したと言ってもよいであろう。

# 四　黙示文学へ向かう預言者エゼキエル

預言者エゼキエル／システィーナ礼拝堂

## バビロン捕囚だった エゼキエル

エゼキエルは、前五九七年に行われた第一回バビロン捕囚の中にいた。彼が預言者として召命を受けたのは、捕囚の第五年の四月五日とされている（「エゼキエル書」一・二）。この年は、ゼデキヤの治世の第四年と同じで、前五九二年を意味するであろう。その年の五月に、エレミヤとハナンヤの最後の対決が行われている（「エレミヤ書」二八・一）。このことは、エゼキエルの預言を理解するうえで重要と思われる。

彼は、バビロン捕囚の一人であり、最初から古典期の預言者のように、権力に対して歯に衣《きぬ》を着せずに審判や批判を語りうる立場にはいなかった。彼の預言は、アモス、ホセア、イザヤはもとより、エレミヤとも大いに文体を異にしている。終始、謎めいた表現を使っているので、もともと一般の聴衆を前にして語られた預言を文書化したというよりは、むしろ黙示文学的預言として最初から書かれた部分が多かったと考えるのが妥当である。

彼は、祭司ブジの子と呼ばれ、エルサレムの祭司の一員であった（「エゼキエル書」一・三）。彼はエルサレムの神殿に対して強い愛着を抱いていた。それゆえに、彼はその堕落を痛切に憂えていた。エルサレムの陥落の知らせを聞くまでは、彼は審判と滅亡を告げる預言者であった。しかし、その知らせを受けると、彼は一転して、回復と復興の預言者になった。

われわれの時代区分から言えば、前半は「古典期預言」であり、後半は「後期預言」となる。しかし、バビロンの直接の支配下に置かれていた預言者エゼキエルの預言は、すでに黙示文学的性格をかなり強く持つものであったと言わざるをえない。

彼が見た最後の幻は、長大な「新しい神殿の幻」（「エゼキエル書」四〇—四八章）であり、内容的には、エルサレムの復興に関する「後期預言」と見做《みな》すことができるが、それはまったくの幻で、復興に関する「黙示的預言」と見るべきであろう。その日付は捕囚になってから二十五年、都が破壊されてから十四年目とされており（「エゼキエル書」四〇・一）、前五七二年のことである。

エゼキエルの預言に見られる年代的記録の最後のものは、捕囚から二十七年目の前五七〇年である。エゼキエルの活動期間は、一応二十二年間に及ぶと見てよいであろう。

一・二六)。

### エゼキエルの召命

エゼキエルは、バビロンのケバル川のほとりに住む捕囚の人々のところにいた時に神の顕現に接した。その顕現の描写は、異常とも思えるものであるが、その元型は、イザヤの召命の記事（「イザヤ書」六章）に見られると言えよう。そこで描写されている神の御座は、同じヘブル語の「キッセー」で表されている（「イザヤ書」六・一、「エゼキエル書」一・二六)。

イザヤの場合には、神の御座の上をセラフィムが飛び交っていたが、エゼキエルの場合は、神の御座は異様な四つの生き物によって運ばれて飛来している。イザヤは、セラフィムが「主の栄光は、地をすべて覆う」（「イザヤ書」六・三）と賛美しているが、エゼキエルは、この顕現を「主の栄光の姿」（「エゼキエル書」一・二八）と呼んでいる。そして、エゼキエルの場合、神の御座はすでにエルサレムを離れている点に注目すべきである。

「エゼキエル書」二・一―三・一五には、派遣の言葉が記されている。そしてイザヤの場合と同様、イスラエルの人々は心をかたくなにして預言を聞こうとしないとしながらも、彼らがたとえ聞き入れようと拒もうと、神の言葉を語れと命じられている。この場合、イスラエルが繰り返し「反逆の民」と呼ばれていることは重要である（特に二・三)。

ここで使われているヘブル語は「マーラド」であり、他ではほとんど外来帝国の支配に反逆するという意味で使われている（「列王記」下一八・七、二〇、二一・一、二〇、「イザヤ書」三六・五、「エレミヤ書」五二・三など）。ただし、「エゼキエル書」二・三以後で繰り返されている「反逆」のヘブル語は、やや精神化された意味の「メリー」である（「エゼキエル書」二・五、六、八、三・九、二六、二七、一二・二、三、九、二五、一七・一二、二四・三）。

「マーラド」という言葉は、「エゼキエル書」一七・一二でもう一度使われている。一七章では、預言は「謎」や「たとえ」とも言われているが（二節）、ここで描写されている「二羽の鷲」は、ユダの王ヨヤキンとゼデキヤを指している。一二節以下に「たとえ」の意味が説明されているが、王ヨヤキンが捕囚となった後に、ゼデキヤは王位に就けられて、契約を守るよう求められたが、彼はその命に背いてエジプトに支援を求めたことが批判されている。この点を考えると、エゼキエルの召命が前五九二年の反バビロン運動と関連していたことは、ほぼ間違いないであろう。

以上の内容は、捕囚の状況下では、「謎」や「たとえ」によらなければ表現することができなかった。そのような政治的状況こそ、黙示文学の性格を根本的に規定しているものと言ってよいのである。エルサレムにいたエレミヤは、明白な言葉をもってハナンヤと対決したが（「エレミヤ書」二八章）、エゼキエルは捕囚の地にいて、この問題については、「謎」と「たとえ」によって論じなければならなかったのである。

捕囚の地で、エゼキエルはどのようにして預言活動をしてたのであろうか。

## エゼキエルの語り方

まず第一に、召命の時彼に命じられたことは、たしかに「語れ」ということではあったが、彼の目の前には書かれた巻物があり、命じられたことは、巻物を食べることであった（「エゼキエル書」二・八―三・二）。彼の預言は、おそらく語られる前に書かれていたのであろう。「エゼキエル書」には、かなり多くの日付が記されている。しかし、その預言の元来の順序を確認することは、かなり面倒な課題である。編纂過程で、いろいろと配列が前後したと思われる。いずれにせよ、召命の次の記事の日付は八・一の日付で、第六年の六月五日となっている。そこに登場する聴衆はユダの長老たちである。彼らはエルサレムの状況を預言者に聞きにきたのであろう。

次の日付は二〇・一にある第七年の五月十日である。やはり長老たちが、エルサレムの運命について預言者に聞きにきている。一四・一には日付がないが、やはり長老たちがエゼキエルのところにきて、主の言葉を求めたと記されている。これが、エゼキエルの預言伝達の主要な場面であったと思われる。

彼は、どのような時にどのように語ったのか。おそらく預言者にとって伝統的な、一種の脱我状態で語ることが多かったようである。彼のもとで神の言葉を聞こうとするが、実行しようとしない人々に対して、彼は、神の言葉を引用しながら次のように言っている。「見よ、あなたは彼らにとって、楽器に合わせて美しい声で歌うみだらな歌の歌い手のようだ」（「エゼキエル書」三三・三二）。

彼は、自分の聴衆の性質について、過敏な意識を持っていたと言えるだろう。彼らは強情でかたくななので（「エゼキエル書」三・四―一一）、意見は求めるが真剣に聞こうとはしない。帝国の支配下にあって預言者にできること、語る内容と方法については強い制約が課せられていた。それゆえに彼らは、預言者の言葉にはさしたる敬意を払わないし、エゼキエルも、重要な事柄は語るよりもむしろ文書にせざるをえなかった。少なくとも、これがエゼキエルの初期の活動の方法であった。

## 初期の預言

エゼキエルの初期の預言は、エルサレムの運命に集中している。前五九一年六月五日の日付になっている八章から十一章の記事は、エゼキエルが、訪ねてきていた長老たちの前で、神の手に捉えられ、幻のうちにエルサレムに運ばれた時に見たこととされている。エルサレムには、エゼキエルが召命の時に見た「神の栄光」があったが、問題はエルサレムにおける偶像礼拝の実態である。その様子がグロテスクな仕方で述べられた後で、「神の栄光」は神殿を離れ、ふたたびエゼキエルをバビロンに連れて帰ったというのである。

「神の栄光」は、エルサレムが破壊される前に、神殿を離れてバビロンに移動したのである。これが決定的な事柄であるが、エルサレムの堕落と破滅について、エゼキエルはさらに詳細に記している。四章から七章、一二章から一七章も同様である。特にエルサレムについては、五―一六章に続いて、二〇―二四章にも記されており、ダビデ王朝の王については、一七章と一九章に記されている。

バビロン軍によるエルサレムの包囲は、「列王記」によるとゼデキヤの治世第九年第十の月の十日に始まったとされている（「列王記」下二五・一）。「エゼキエル書」の年代は、主として第一回捕囚から数えられているが、この日付だけは治世年のみで、「エゼキエル書」の二四・一に記されており、前五八八年のことである。

エルサレムの包囲と落城は、エゼキエルの妻の死と重なっている（「エゼキエル書」二四・一五―二七）。エルサレムの包囲の時から落城の知らせが入るまで、彼は口を閉ざして一切語ることがなかったらしい（「エゼキエル書」三・二六、二四・二五―二七）。都の陥落がエゼキエルに届いたのは、「捕囚の第十二年十月五日」とされている（「エゼキエル書」三三・二一）。この日付は他のどこにも見られないし、「列王記」は陥落の日をゼデキヤの十一年四月九日としているので（「列王記」下二五・三、「エレミヤ書」五二・六）、かなり遅いと感じられる。彼の気持ちとして、エルサレムの落城と妻の死の喪に服す期間が含められているのであろうか。それ以後、彼は回復の預言を語り始める。

## 見張りの務め

エゼキエルの預言活動は、召命の時からエルサレムの落城に至る数年間、バビロン捕囚の地に送られた祭司の立場を踏まえ、イスラエルとユダの歴史解釈に集中していると言えるであろう。神の救いの歴史に始まった民族がなぜ滅亡の運命を迎えたのか。その原因を比喩や象徴を用いて繰り返し論じている。彼は、その論述の要点を語ることはあっても、どちらかと言えば文書に書き記したのであろう。

　民族主義の熱情に駆られて無謀な行動に立ち上がるのではなく、捕囚の民がおかれた状況について、歴史的にその問題の源に立ち返って深く捉え直す必要があったのである。エルサレム落城の知らせは、捕囚民の緊張をある意味で解除したであろう。ついにきたるべきものがきた。すでに絶望はしていたが、今度は虚脱がくるのではないか。すぐに復興の願いを語っても、むなしく響くだけであろう。

　エゼキエルは、自分の預言者としての務めを「見張り」の役目として捉えた（「エゼキエル書」三・一七、三三・二）。その内容の中心は、個人責任論の確立である。民族の枠は一度破壊された。しかし、一人一人の新しい決意によって、民族の運命は回復されうる。預言者の「見張り」の務めの内容は、一人一人にこの自覚を喚起することであり、過去のゆえにただ将来について悲観すべきではないし、また安易に楽観すべきでもない。現在の新しい決意こそ、将来の再建の扉を開ける鍵であることを示すことが必要である。このことは、一八章と三三章に詳しく展開されているし、その内容は次の言葉で要約されている。

「おまえたちが犯したあらゆる背きを投げ捨てて、新しい心と新しい霊をつくり出せ。イスラエルの家よ、どうしておまえたちは死んでよいだろうか。わたしは誰の死をも喜ばない。おまえたちは立ち返って、生きよ」と主なる神は言われる。（一八・三一—三二）

「見張り」が警告を怠ったために一つの命が失われるならば、神はその責任を「見張り」である預言者に求めると言われている（「エゼキエル書」三三・六、八）。これが、エルサレムの破壊の後に、エゼキエルが受けとめた預言者としての課題であった。

## 回復の預言

エゼキエルの回復の預言は印象深い。それは、政治的指導者と土地と民族と神殿に焦点があてられている。そのうち日付がついているのは、「新しい神殿の幻」（「エゼキエル書」四〇—四八章）だけである。前五七三年と推定できるが（「エゼキエル書」四〇・一）、このように詳細な神殿の構造の描写は、エゼキエルが祭司の出身であり、聖所の細部に至るまで深い関心を持っていたことを示している。しかし、このように詳細な回復の計画が、すでにこの時点で可能であっただろうか。四〇—四二章に渡って神殿の構造が描かれた後で、エゼキエルがかつてケバル川のほとりで見た「神の栄光」が、東の門から到来して神殿を満たしたという（「エゼキエル書」四三・一—七）。エゼキエルの幻の中で、エルサレムの回復は実現され、そこには祭司たちが立てられ（四四章）、君主の役割が定められ（四五章）、イスラエルの十二部族に改めて嗣業が割り当てられている（四七・一三―四八・三五）。これらのことを描いた幻を文書に記しても、特に政治的な不都合はなかったと思われる。

イスラエルの牧者や政治的指導者については（「エゼキエル書」三四章）、まず過去の批判が記され、その後にヤハウェ自身が牧者となって失われた羊を集め養うとか、ダビデの子孫が立てられて君主になるなどとされている（「エゼキエル書」二三―二四）。三七・一五―二八では、イスラエルの二つの王国が結合して、ダビデが永遠に彼らの君主になったとしている。

エルサレムの神殿と、君主としてのダビデの王位の回復はイザヤの預言を継承しているが、イスラエルの土地の回復（「エゼキエル書」三六章）は、ホセアとエレミヤの預言を継承している。エドムに奪われていた土地が回復され、汚れを浄められた土地は耕され、種がまかれる。

そのうえでイスラエルには、新しい心、新しい霊が与えられる（「エゼキエル書」三六・二六―二七、一八・三一）。「平和の契約」、あるいは「永遠の契約」という言葉も使われている（「エゼキエル書」三七・二六）。

「おまえたちは、わたしが先祖に与えた地に住むようになる。おまえたちはわたしの民となり、わたしはおまえたちの神となる。わたしはおまえたちを、すべての汚れから救う。わたしは穀物に呼びかけ、それを増やし、おまえたちに飢えを送ることはしない」（「エゼキエル書」三六・

二八―二九）

## 黙示的要素

エゼキエルの回復の預言は、バビロン捕囚後の目標を具体的に示そうとするものである。エレミヤの捕囚への手紙（「エレミヤ書」二九章）よりも、ユダ的・エルサレム的要素が強く出ている。さらにエレミヤとの相違は、バビロン捕囚の地に立って、より黙示的性格が強くなっていることである。

われわれが後期預言の主要テーマの一つとして考えるのは、ユダを苦しめた国々に対する審判の預言であるが、エドムに対する復讐の預言は「エゼキエル書」三五章、「オバデヤ書」、「エレミヤ書」四九・七―二二、「イザヤ書」六三・一―七などにも見られる。もともと兄弟国で弱小のエドムの傲慢と侵略は、ユダヤ人の敵愾心《てきがいしん》を強く煽ったに違いない。エドムの名をあげて非難しても、政治的にはいっこうに差し支えなかった。

しかし、バビロン帝国が存在する以上、ユダ王国の回復自体はできない。ネブカドレツァルを「主の僕《しもべ》」（「エレミヤ書」二五・九、二七・六）と呼んだエレミヤも、バビロンの滅亡を記した巻物を呪いとともにユーフラテス川に投げ込ませたという（「エレミヤ書」五一・五九―六四）。しかし、捕囚の身であるエゼキエルにこのようなことは赦されなかった。しかし、「エゼキエル書」三八―三九章に記されている「マゴグのゴグ」に対する預言は、バビロンに対する審判を語った黙示的預言と見ることができるであろう。

ゴグは、世界における神の究極の敵とされているが、イスラエルの山々に招き寄せられたうえで倒され、その死者たちは長期に渡って猛禽と野獣の餌食になるというのである。マゴグのゴグは、バビロンを表す黙示文学的偽名と見てよいであろう。

同様のことが、「イザヤの黙示録」と呼ばれている「イザヤ書」二四―二七章にも、少なくとも部分的にあてはまると思われる。二四章の「都」はエルサレムを指していると思われるが、二五章以下で破壊を宣告されている都は、バビロンの方を指していると考えられる。山上での祝宴のモティーフ（「イザヤ書」二五・六―一〇）は、敵の絶滅を描いている。それは、山上でのゴグの絶滅のモティーフにつながっている。

「エゼキエル書」には、もう一つ民族の復興について「枯れた骨の復活」の預言がある（「エゼキエル書」三七・一―一四）。復活のテーマも、黙示文学の好むテーマである。この場合は、まだ民族の復活であって個人の復活ではないが、テーマは共通している。「イザヤの黙示録」では、このテーマがいっそう強調されている（「イザヤ書」二六・七―一九）。「マゴグのゴグ」の預言も、「イザヤの黙示録」も、おそらく捕囚期の中頃のもので、すでに「黙示文学」としての性格を色濃く示す預言であると言えよう。このような文学によって、捕囚の民が抱いていた帝国の耐えがたい支配の終焉への期待が表されているのである。

# 五　捕囚の帰還と第二イザヤ

新バビロン帝国の没落は、ネブカドレツァルが死ぬと急速に始まった。四十年以上に渡って帝国の拡大と保持に努めた彼の王位は、その子エビル゠メロダクが継いだが、足掛け二年で死亡し、実際上、ナボポラサルに始まる新バビロン帝国の王朝は断絶した。

**新バビロン帝国の没落**

その後をネブカドレツァルの将軍であったネルグリサルが継いだが、バビロン帝国最後の王となったナボニドスの運命は数奇なものであった。五十年以上も前にネブカドレツァルがハランを攻撃した時、月の神シンの祭司だった女性が大王の側室とされ、ナボニドスはその女性の連れ子だったというのである。そのためこの王は、バビロンの主神であるマルドゥクを軽んじ、かつて破壊されたハランの月の神の神殿の復興に尽力した。そして後には、アラビアのオアシスの町テマに宮廷を造って移住したので、バビロンにおける彼の威信が衰退したのも当然であった。

すでに前五五九年にペルシア王となったキュロスは、前五五二年に同族のメディアを併合してアケメネス王朝を形成し、五年後には小アジアのリュディアを滅ぼし、ひるがえって東方に向かい、中央アジア地域を征服して、ついにバビロンの攻略に立ち向かうことになった。その間キュロスは、常に自己を諸民族の解放者と宣伝してきたので、バビロン捕囚の間に解放への期待が高まったのも当然である。ついに前五三九年、バビロンの城門はキュロスを迎え入れるために開かれ、その翌年に公布された諸民族の復興を認める「キュロスの勅令」の主旨は、「歴代誌」の末尾と「エズラ記」の冒頭に記録されている（「歴代誌」下三六・二三、「エズラ記」一・二―四）。

こうしてバビロン帝国の末期に、ユダの捕囚民はもはやバビロンの滅亡を口にすることをためらう必要はなくなった（「イザヤ書」一三・一―二二、一四・三―二三、「エレミヤ書」五〇・一―五一・五八）。まだ、第一回の捕囚（前五九七年）から七十年は過ぎていなかったが、捕囚の民がついに帰還の期待を抱き始めたことは確かである。その捕囚民の期待を結集したのが第二イザヤと呼ばれる預言者であった。

## 第二イザヤの謎と文体

「第二イザヤ」とは、一般には「イザヤ書」の四〇―五五章にまとめられた預言を語った人物を指す名前である。この雄大な預言を語った人物は、不思議にもその名が知られていない。エレミヤの名は「列王記」には見られないが、「エレミヤ書」自体に百四十回、その他に六回記されている。第二イザヤもそれに続く第三イザヤ（「イザヤ書」五六―六六章）も、その著者名が知られていないのは不思議なことである。

その理由としては、ペルシア帝国の弾圧を考えるほかはない。著者が匿名ないし偽名であることは、黙示文学の一つの特色である。第二イザヤの預言の中に「主の僕《しもべ》」、あるいは「苦難の僕」と呼ばれる謎めいた人物が登場する。この人物もその名が知られていないが、様々な理由からユダの再建を担う帰還の民の代表としての名が知られているシェシュバツァルと推定される可能性があると思われる（「エズラ記」一・八、一一、五・一四、一六）。

彼はおそらく、捕囚に行ったユダの王ヨヤキンの子シェンアツァル（「歴代誌」上三・一八）と同一人物であったと思われるが、ペルシア帝国の許可の範囲を越えて、ユダ王国の再建を試み、その結果当時エルサレムの管轄権を持っていたサマリアの権力に殺害されたのであろう。彼の死が、「イザヤ書」五三・八に記されているが、この謎めいた死の記録は、「苦難の僕」の死として、後に『新約聖書』の時代にイエスの死を預言する言葉と解されるにいたった（「使徒行伝」八・三二―三三）。

このように大きな謎と秘密を含みながらも、第二イザヤの文体はその他の点ではかなり透明なものである。詩的に整えられ、首尾一貫しており、おそらく帰還の民を励まし導いた預言者が、捕囚の地からの出発の準備段階からエルサレムに到達する途上で、語りまた歌った言葉と思われる。捕囚の民にとって、これに新しい出エジプトと荒れ野の旅であった。その旅の先頭に預言者とメシア的な指導者である「主の僕」が立って導いたのである。

## 天上の会議と預言

第二イザヤの冒頭の預言（「イザヤ書」四〇・一―一一）は、天上の会議の場面における預言者の召命を表している。彼の語るべき言葉は、「慰めよ、わたしの民を慰めよ」という神の言葉である。今やイスラエルの苦役の時は終わり、帰還の時が到来した。そして、神自身が羊飼いとして先頭に立たれる。この天上の場面が呼び交わすいくつかの声がある。預言者はその呼びかけに応えて、「何と呼びかけたらよいのか」（「イザヤ書」四〇・六）と問うている。

先に見た預言者イザヤの召命（「イザヤ書」六章）の場面は地上の神殿であったが、第二イザヤにとって神の御座は天上から高い山の上に下って神の栄光が現されたのである。エゼキエルの召命（「エゼキエル書」一章）においても、神の御座は天から下ってきて、預言者に語るべきことを指示している。神の天上における会議の表象は、もともと神の世界支配の表象と結びついている。神に仕える天的存在は、諸民族の守護神ないしは守護天使の役割を担っている。

イザヤの場合もエゼキエルの場合も、預言者が語るべき言葉は審判であったが、第二イザヤの場合は慰めであった。偉大な預言者の語る言葉は、天上における神の歴史支配の秘密を開示する。第二イザヤの場合、その秘密は希望に満ちたものでバビロンの陥落という「良い知らせ」をエルサレムに伝えることである。しかし、バビロンの陥落は、捕囚の民の期待をすべて満足させるものではなかった。祖国の復興という課題がなお残されていたからである。ここに、第二イザヤの課題の困難さと受難の原因があった。

エゼキエルは、神の天上の御座から、巻物に書かれた神の言葉を託された（「エゼキエル書」二・九）。その内容は、すぐに語ることが赦されないものであった。黙示文学である「ダニエル書」でも、ダニエルが天上の法廷の場面に導入されると、そこに神の御座が据えられ、神の前に巻物が広げられる。その描写は、エゼキエルの召命の記事と深く結びついている（「ダニエル書」七・九―一八）。

エゼキエルとダニエルの場合は、世界帝国の厳しい支配下にあるので、神の歴史支配の秘密は顕《あら》わされたとしても、隠された謎の言葉で示さなければならない。黙示文学において、神の秘密は、顕わされると同時に隠されるという二重の方法で隠されるのである。

第二イザヤの場合は、天上の会議で顕わされた内容は、解放を迎える希望に満ちたもので、彼は捕囚の民に救済の新しい時を伝えようとする。その言葉は基本的に明瞭で、直接に理解可能なものである。しかし、解放者を自称するペルシアの王キュロスが与える自由には、帰還するユダヤ人の活動に対して明確な政治的限界と枠をはめるためのものであった。それが、復興期の預言者である第二イザヤの言葉に、黙示文学的陰りが見られる理由である。

## 神の創造と歴史支配

天上の会議の表象は、古代オリエント世界に古くから認められているもので、地上の現実の背後にいかなる力が働いているかを考える思考の形式として、それなりの有効性をもっていた。預言者が歴史的世界の意味について根源から考えようとする時、この表象を用いたのは当然である。第二イザヤの発言の背後には、そのような表象世界が常に意識されていた。彼は捕囚となった民の運命をしばしば、神の創造と歴史支配の二つの面から論じている。「創世記」の天地創造の記事の結びに、神が「われわれにかたどり、われわれに似せて、人を造ろう」（一・二六）と言っているのも、彼の意志決定が天上の会議を踏まえ、一人称複数で表現されているものと見てよいであろう。

捕囚の民を導き出す神は創造者であることが、繰り返し強調されている（「イザヤ書」四〇・一二―二六）。この神は、決して自分の民イスラエルを忘れてはいない。神に「望みをおく人は新たな力を得る」として、民に力を与えるのである（「イザヤ書」四〇・二七―三一）。まさにこの神がキュロスを呼び出して、イスラエルを救わせようとしているのである（「イザヤ書」四一・一―五、二五―二七）。この主題は、何度も繰り返され（「イザヤ書」四三・一―四四・八など）、その文脈の中で、神の歴史支配の役割を担うべき者が立てられるのである。

神は「良い知らせを伝える者」を選ぶ（「イザヤ書」四〇・九）。彼は神によって「わたしの僕《しもべ》」と呼ばれる（「イザヤ書」四二・一）。彼は「傷ついた葦を折ることなく暗くなっていく灯心を消すことなく」（「イザヤ書」四二・三）、真の牧者として自分の使命を果たす。彼は「民の契約、諸国の光」と呼ばれる。これが理想の牧者であり、メシアの姿である（「エゼキエル書」三四・一一―一六参照)。

しかし、第二イザヤは大胆にもキュロスに向かって、神が彼のことを「わたしの牧者　わたしの望みを成就させる者」(「イザヤ書」四四・二八)と呼ばれると告げ、彼を「主が油を注がれた人キュロス」と呼ぶのである(「イザヤ書」四五・一)。このような理解は、歴史的現実の転換をあまりにも自分の民族に引きつけて解するものと言えるかもしれない。

第二イザヤの前半部(「イザヤ書」四〇―四八章)のバビロンの偶像批判や(「イザヤ書」四六章)、バビロン陥落を預言する言葉(「イザヤ書」四七章)なども、その印象を与える。しかし、バビロンを出発して、ユダに向かう旅路において語られたと思われる後半部(「イザヤ書」四九―五五章)では、帰還の民の苦難が主要なテーマとなり、もはやキュロスの役割について言及されることはない。

## 預言者と「主の僕」の受難

われわれは、預言者が自分の使命について語る時は一人称で語り、預言者が「主の僕《しもべ》」の役割について語る時は、彼について三人称で語るのが原則であることを認めうる。前者の語り方は、「イザヤ書」の四九・一―六と五〇・四―一一に認められ、後者の語り方に、四九・七―九、五二・一三―五三・一二に認められる。ところで、四九・四では、預言者はみずから「わたしはいたずらに骨折り　うつろに、空しく、力を使い果たした」と言っている。また四九・七では、「主の僕」について「人に侮られ、国々に忌むべき者とされ」と、苦難の側面を強調している。

さらに進んで五〇・六―九では、預言者の苦難がいっそう厳しくなったことを示している。その一部を引用してみよう。

打とうとする者には背中をまかせ
ひげを抜こうとする者には頬をまかせた。
顔を隠さずに、嘲《あざけ》りと唾を受けた。
主なる神が助けてくださるから
わたしはそれを嘲りとはおもわない。（「イザヤ書」五〇・六―七a）

五一章になると、帰還の民に向かって、「恐れるな」という励ましの言葉が多く語られている。

人に嘲られることを恐れるな。
ののしられてもおののくな。（「イザヤ書」五一・七）

なぜあなたは恐れるのか

死ぬべき人、草にも等しい人の子を。（「イザヤ書」五一・一二）

こうした苦しみを経て、いよいよシオンに近づいたことを記す五二章では、「良い知らせを伝える者」についてこう言っている。

彼は平和を告げ、恵みの良い知らせを伝え
救いを告げ
あなたの神は主となられた、とシオンに向かって呼ばわる。（「イザヤ書」五二・七）

## 「苦難の僕」の死

しかし、「苦難の僕《しもべ》の歌」（「イザヤ書」五二・一三―五三・一二）に入ると、「僕」の姿は急転直下、栄光から受難の姿に変わる。この歌は次の言葉で始まっている。

見よ、わたしの僕は栄える。
はるかに高く上げられ、あがめられる。
かつて多くの人をおののかせたあなたの姿のように

彼の姿は損なわれ、人とは見えず
もはや人の子の面影はない。
それほどに、彼は多くの民を驚かせる。
彼を見て、王たちも口を閉ざす。
だれも物語らなかったことを見
一度も聞かされなかったことを悟ったからだ。（「イザヤ書」五二・一三―一五）

以下五三章において、「僕」の苦難は、象徴的に様々な相を暗示させながら展開されているが、それはだれも語らず聞かされなかったこととして、黙示文学的表現の中に隠されていると言わざるをえない。

それにしても「僕」の王的性格は、すでに五二・一三―一五に充分に示されているし、五三・二の「若枝」は、明らかにメシア的性格を示している。この「僕」のメシア性は、王の栄光とは対照的であり、彼は人々に見捨てられ無視されている（「イザヤ書」五三・二―三）。それにもかかわらず、その苦難は本来預言者を含めた帰還の民にとって「わたしたちの病《やまい》」であり、「わたしたちの痛み」であった（「イザヤ書」四―五〇）。しかし、ついに帰還の民は、次のように言うのであった。

彼の受けた懲らしめによって、わたしたちに平和が与えられ
彼の受けた傷によって、わたしたちはいやされた。(「イザヤ書」五三・五)

ここに、『旧約聖書』ではほとんど初めて、他者の罪のために苦しむということが、律法主義的応報主義から見ればまったくの不条理ではあるが、逆に、他者の罪の赦しにつながるという積極的意味を持ちうることが打ち出されているのである。このことこそ、第二イザヤという無名の預言者が、「苦難の僕」と呼ばれるメシア的人物の死に与えた独自の意味なのである。彼は「僕」の死の意味を端的に述べている。

わたしの僕は、多くの人が正しい者とされるために
彼らの罪を自ら負った。(「イザヤ書」五三・一一b)

われわれは、帰還の民がエルサレムに入ろうとした時にどのような困難にぶつかったのか、正確なことを知ることはできない。しかし、預言者と「苦難の僕」の犠牲的働きによって、帰還の民に父祖の地に定着する道が開かれるに至ったことは確かである。

# 六　メシア像の転換と預言者

## メシア像の変容

すでに見てきたように、第二イザヤの預言において、メシア的性格を与えられている「主の僕」の姿は、彼が受けた苦難と死のゆえに、捕囚前に見られた政治的メシア像、ないしは牧者像を大幅に変化させる衝撃的力を持っていたと言えるであろう。ただし、「苦難の僕」はすでにその描写において、強く黙示文学的色彩を与えられており、その実像を見定めることはむずかしい。捕囚期の預言者たちが、捕囚後の時代に待望していたメシア像は、ペルシア時代の初期に、どのような変容を見たのであろうか。

## 「エズラ記」の記述

『旧約聖書』の中でペルシア時代の歴史を記した書は、「エズラ記」と「ネヘミヤ記」である。「エズラ記」の前半の六章は、首都バビロンの解放直後に出された「キュロスの勅令」(前五三八年)に始まって、ダレイオス一世の治世第六年(前五一五年)に、エルサレム神殿が再建されるまでの二十三年間のことを記しているが、この一連の記述について、いくつかの著しい特異性が認められることに注目したい。

第一に、この六章の中心テーマは明らかに神殿の建設であるが、この事業は、おそらくエルサレムとユダ地区の管轄権を持っていたサマリアの当局の妨害によって一時中断されたが（「エズラ記」四・一―五）、ダレイオスの時代になって再開され、一応無事に完了したということが、ペルシア王の承認を根拠として引用しながら述べられている。

次にこの一時中断の時期は、主としてカンビュセス二世（前五二九―前五二二年）の治世であるのに、故意か不注意か、妨害された期間は、クセルクセスとアルタクセルクの治世のこととされ、エズラの時代であるかのようにされている（「エズラ記」四・六―二四）。

第三に、帰還民の代表シェシュバツァルの名は四回言及されているが（「エズラ記」一・八、一一、五・一四、一六）、帰還にかかわった預言者のことにはまったく触れられていない。

最後に、最も奇異に感じられるのは三章で、帰還民がエルサレムに到着した段階で、指導者の名は突然ダレイオスの時に活動した、大祭司イエシュアとシェアルティエルの子ゼルバベルに変えられているのである（「エズラ記」三・二、八、九、四・二、三）。工事の中断後に再開された時については、ゼルバベルとイエシュアのほかに、預言者ハガイとゼカリヤの名もあげられているが（「エズラ記」五・一、二）、全体として預言者の活動への言及は最小限にされている。おそらくこの書が編纂された頃、預言者の活動を記すことには大きなためらいがあったのであろう。

もう一つ重要なことは、シェアルティエルの子ゼルバベルはヨヤキンの孫で、ダビデ王家の出身だということである。「歴代誌」上三・一七に、ヨヤキンの子としてシェアルティエル、ペダヤ、シェンアツァルなど七名の名があげられているが、次の節で、ゼルバベルはペダヤの子とされている。この中のシェンアツァルが、多くの人が推定しているように、最初の帰還民の代表であるシェシュバツァルに相当しているなら、彼はヨヤキンの子である。このように、再建の指導者がダビデの家系に連なっていることは十分に理解できる事情である。なぜならば、そのことは捕囚前からのダビデ王家につながるメシア像が継承されていたことを示すからである。

## 預言者ハガイ

第二イザヤの指導のもとに、最初にユダに帰還した人々の代表は、「エズラ記」に記されているシェシュバツァルであり、おそらく「エズラ記」四・二三にあるように、サマリアの行政権力によって工事が強引に武力で中止させられた時に犠牲となり、排除されたのであろう。第二イザヤの名がまったく知られず、シェシュバツァルの名が「エズラ記」の三・二、八、四・二、三で、故意にゼルバベルに変えられているのはそのためと推定してよいであろう。

ダレイオスの治世になってからの、イエシュアとゼルバベルの活動については、預言書の「ハガイ書」と「ゼカリヤ書」（一―八章）に見られる。「ハガイ書」は、ダレイオス王の治世第二年の六月一日、六月二十四日、七月二十一日、九月二十四日（「ハガイ書」一・一、一五、二・一、一〇、一

八、二〇）という四つの日付が記されたハガイの預言を集めたもので、その意図は明瞭である。ハガイは、ユダの総督シェアルティエルの子ゼルバベルと、大祭司ヨツァダクの子ヨシュアに向かって、神殿の再建を命ずる神の言葉を告げ、彼らはそれに応えて作業に取りかかった（六月一日と二十四日付）。ハガイは、「ヤハウェが共にいる」ことを約束し（「ハガイ書」一・一三）、出エジプトの時の契約を想起させ（「ハガイ書」二・五）、神の言葉を告げている。

わたしは、まもなくもう一度
天と地を、海と陸地を揺り動かす。
諸国の民をことごとく揺り動かし
諸国のすべての民の財宝をもたらし
この神殿を栄光で満たす。（「ハガイ書」二・六―七）

明白な言葉で語られた、復興・再建の預言である。九月二十四日付の預言は、一歩進んで総督ゼルバベルをユダの王として宣言している。しかも、宣言に先立って「国々の王座を倒し　異邦の国々の力を砕く」（「ハガイ書」二・二二）とまで言われている。ゼルバベルに対する宣言の言葉は次の四行に見られる。

わが僕《しもべ》、シェアルティエルの子ゼルバベルよ
わたしはあなたを迎え入れる。
わたしはあなたをわたしの印章とする。
わたしがあなたを選んだからだ。（「ハガイ書」二・二三）

「印章」は、王が神の権威を与えられていることを意味している。

## 預言者ゼカリヤ

ゼカリヤの預言の冒頭には、同じ年の八月と十一月二十五日の日付があり（「ゼカリヤ書」一・一、七）、後者の日付は、第六章までの八つの幻に関連していると思われる。

八つの幻には、天使を始め、黙示文学的登場人物が多く出てくる。ハガイの最後の預言がなされた九月二十四日から十一月二十四日までの間に、語り方が預言の言葉から黙示文学的なものに激変している。

第一の幻（「ゼカリヤ書」一・七―一七）と第三の幻（「ゼカリヤ書」二・五―一六）は、エルサレムの復興に関係している。第二の幻は、ユダを散り散りにした国々の角を切り倒す「鉄工」を示している（「ゼカリヤ書」二・一―四）。第四と第五の幻（「ゼカリヤ書」三・一―一〇、四・一―一四）は、

二人の油を注がれた人として（「ゼカリヤ書」四・一四）、大祭司ヨシュアとゼルバベルを紹介している。

第六から第八の幻（「ゼカリヤ書」五・一―四、五―一一、六・一―八）の内容はわかりにくい。ただ彼らの働きにいろいろな障害が生じていることを暗示していることが推察される。そして最後に、「戴冠の宣言」がなされているが、王冠はゼルバベルではなく、大祭司ヨシュアの頭に載せられる。さらに、「ハガイ書」二・二〇―二三の宣言の言葉が変えられており、ゼルバベルの失脚を暗示している。

ダレイオスの第四年九月四日の日付のある最後の二章（「ゼカリヤ書」七―八章）には、断食に関する質問とエルサレム再建についての激励だけが語られている。

　勇気を出せ。
あなたたちは、近ごろこれらの言葉を
預言者の口から、たびたび聞いているではないか。
万軍の主の家である神殿の基礎が置かれ
再建が始まった日から。（「ゼカリヤ書」八・九）

第六から第八までの幻は特に黙示文学的で、意味が捉えにくい。「ゼカリヤ書」六・一一―一三の「戴冠の宣言」では、ゼルバベルの名が排除されて、大祭司ヨシュアの名だけが記され、それ以後の預言の内容は、律法の遵守と神殿の再建の主題に限定されている。要するに、政治的メシア運動の挫折とともに預言は黙示に変容し、大祭司のもとに神殿の儀礼と律法の厳格な実行だけが、許容される状態に追い込まれていったと考えられる。

## 第三イザヤのメシア像

第三イザヤとは、「イザヤ書」の五六―六六章に集められている預言を指す。第三イザヤの預言は、第二イザヤのように、内容的にも時代的にもひとまとまりのものとは思われない。第二イザヤの立場を直接に継いでいると思われる部分もあるが、ハガイとゼカリヤの活動以後で、神殿の再建が終わった後の状況を前提にしていると思われる箇所もある（「イザヤ書」六〇章）。しかし、状況の描写は概して捉えにくく、黙示的性格を示している場合が少なくない（「イザヤ書」六六・一五―一七など）。

神に従ったあの人は失われたが
だれひとり心にかけなかった。
神の慈《いつく》しみに生きる人々が取り去られても気づく者はない。

神に従ったあの人は、さいなまれて取り去られた。（「イザヤ書」五七・一）

これなどは、「苦難の僕《しもべ》」の死を想起させる言葉である。「わたしの家は、すべての民の祈りの家と呼ばれる」（「イザヤ書」五六・七）という異邦人に開かれた部分もあるが、異邦人が彼らに仕えるという民族主義的な部分もある（「イザヤ書」六〇・一〇）。

メシア像については、興味深い箇所がある。

主はわたしに油を注ぎ
主なる神の霊がわたしをとらえた。
わたしを遣わして
貧しい人に良い知らせを伝えさせるために。
打ち砕かれた心を包み
捕われた人には自由を
つながれている人には解放を告知させるために。（「イザヤ書」六一・一）

この言葉は、「ルカによる福音書」四・一八で、イエスに関するメシア預言として引用されている。捕囚直後の状況の中で、政治的メシアは弾圧され、一方で受難のメシア像が形成されたが、他方では油を注がれた大祭司の像が生まれ、二人のメシアという、「死海文書」にも継承されたメシア像が生まれた。

しかし、祭司は職務の性質上やはり世襲が原則で、歴史的現実の危機を救うカリスマ的存在にはほど遠い。ここに、初めてメシア的預言者、あるいは預言者メシアとでもいうべき姿が登場してきたと言えるであろう。

# VII　ユダヤ教団の確立と黙示文学

# 一　ユダヤ教正統主義と中期黙示文学

## ユダヤ教団の確立

「エズラ記」は、帰還民の神殿再建計画を妨害した勢力がペルシアのアルタクセルクセス一世（前四六五―前四二四年）に送った文書を、アラム語で記録している（「エズラ記」四・八―一六）。その代表者は、行政官レフムと書記官シムシャイとされており、エルサレムのことを「反逆と悪意の都」と呼んでいる。城壁が完成すれば、「彼らは年貢、関税、交通税を納めず、王に次々と損害を与えることになる」に相違ないとしている。

この手紙は、おそらく意図的にアルタクセルクセスの治世に書かれたとされているが、実は、七章以下に登場するエズラが、バビロンを出発してエルサレムに到着したのは、その王の第七年（前四五八年）五月一日とされている（「エズラ記」七・九）。

この年代にも後述のように問題があるが、いずれにしてもエズラの時代まで、半世紀以上に渡って地元の権力が帰還の民の行動を、このような前提のもとに監視していたことは確かであろう。ダレイオスの第六年（前五一五年）に神殿が完成したとしてもエルサレムの城壁は造られず、無防備のままで置かれていたのである。

ところが、エルサレムの城壁を完成させる困難な事業を行ったのは、ペルシアの首都スサで、アルタクセルクセス一世のもとに仕えていたネヘミヤである。ネヘミヤは、みずから申し出てその地方の長官として任命され、その地方の長官にあてた城壁の再建を許可する王の書簡を携え、アルタクセルクセスの二十年（前四四五年頃）にスサを出発した（「ネヘミヤ記」二・一）。

彼は、地元の権力による強力な妨害に会いながらも、十二年間の努力の末に、エルサレムの城壁を建て直して、その政治的・軍事的安定を確立したのである（「ネヘミヤ記」五・一四）。これは、この王の治世の三十二年（前四三三年）にあたっている。実はその後に、バビロンから祭司であり律法学者であるエズラが帰国し、「モーセの律法」によってユダヤ教団を確立したと見るべきであろう（「ネヘミヤ記」八―一〇章）。

この改革の重要性を強調するために、エズラに関する記述は「エズラ記」の七―一〇章に移されて、もう一度ハガイ、ゼカリヤの活動に直接続くことであるかのように書き加えられた。年代はアルタクセルクセスの第七年（前四五八年）とされているが（「エズラ記」七・七）、おそらく実際は、第三十七年（前四二八年）頃にエズラの改革が開始されたと見るべきであろう。

彼は、律法の厳格な実行をユダの人々に迫り、異民族と結婚している人々に妻子との絶縁を要求したというのである（「エズラ記」一〇章）。こうして、エルサレムの神殿と城壁を再建し、律法の遵守と排他的民族主義を結びつけ、ペルシア帝国の承認と保護のもとに、正統主義的ユダヤ教団が前五世紀末になって確立したのである。「モーセ五書」の正典的権威の確立も、前四〇〇年頃のことと考えられる。

## 「ヨナ書」

こうして、ユダヤ教の正統主義は確立したが、前四二〇年頃から、アレクサンドロスがペルシア帝国を倒す前三三三年頃までの約百年間のユダヤ教団の歴史については、ほとんど何の記録も残されていない。ユダヤ教の会堂の破壊を嘆く「詩篇」七四・九には、「今は預言者もいません」という嘆きの言葉が見られる。ペルシア時代の後半からそのような時代になったのである。

ペルシア帝国が安泰で、その支配が揺るがない状態では、ユダヤ人がどんなに現状に不満でも、それについて正面からの批判的な発言はできない。「ヨナ書」は、このような時代に預言そのものではなく、諷刺的に一人の預言者を取り上げて、時代の精神的状況を述べた物語である。ヨナは、ヤロブアム二世の時代の預言者として「列王記」にその名が記されているが（「列王記」下一四・二〇）、一度その名が出ているほかには何も知られていない。「ヨナ書」は偽名の預言者的諷刺文学である。

物語の中で、ヨナはアッシリアの都ニネベに、その悪を批判して神の審判を告げるために派遣された。「エズラ記」六・二二では、ペルシア王のことを「アッシリアの王」と記しているが、「ヨナ書」のニネベはおそらくペルシアの都を暗示している。

ユダヤ人の独立を制約しているペルシアの悪は、ユダヤ人にとってはきわめて大きい。しかし、どうして強大な帝国の支配を批判することができるだろうか。ヨナは神の前から逃亡した。正反対のタルシシ（スペイン）行きの船に乗ったヨナは、嵐に遭って海に投げ込まれ、巨大な魚に呑み込まれた。ヨナが神に祈ると、彼は陸に吐き出されたので、仕方なくニネベに出かけた。ヨナが滅亡の預言をすると、意外にも王から民衆にいたるまで悔い改めたので、神は審判を撤回した。それに対してヨナは怒り、自分の努力は一体何だったのかと神に抗議した。

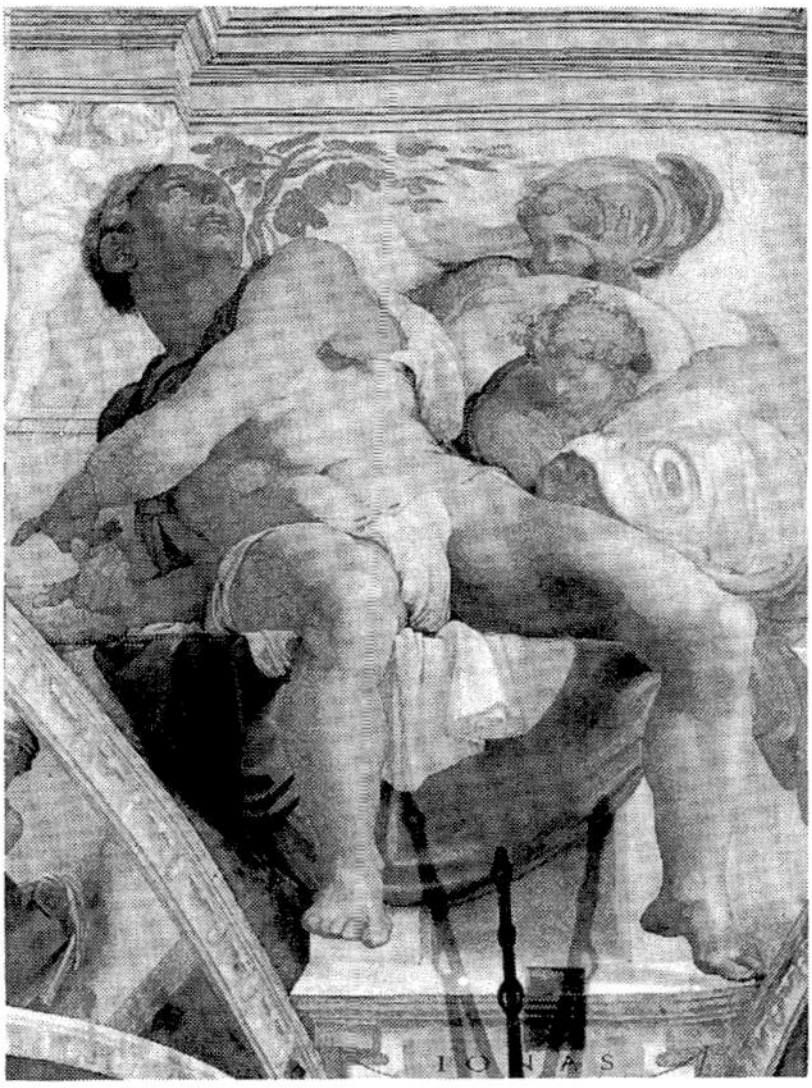
預言者ヨナ／システィーナ礼拝堂

ヨナの頭の上に陰をつくった唐胡麻《とうごま》の木は（「ヨナ書」四・六）、ペルシア帝国のもとに許容されたユダヤ人の権利を指しているのであろう。ペルシア帝国に不満を抱いても、ペルシアが滅亡すれば、ユダヤ教団も滅んでしまうのではないか。ユダヤ人は広い世界のことを考えて、現実に即してみずからの存在の意味と課題を捉え直すべきではないかと教えているのが、「ヨナ書」の意図であろう。

預言者ヨエル／システィーナ礼拝堂

## 「ヨエル書」

「ヨエル書」は、いなごの大軍が攻撃してくる様子を二章に渡って描写している。神は、憐みを求める民の祈りに応えていなごを一掃される。この預言は文字どおりに解すこともできるが、大軍を率いてペルシア軍をイススの戦いで破り、エジプトに進攻したアレクサンドロスの大軍を比喩的に指していると解釈することもできるであろう（前三三二年）。それは、一種の黙示文学である。

三章では、終末の日に神がすべての人に霊を注がれるという黙示的預言が記されている。この預言は、初代教会の聖霊降臨を預言したものとして「使徒言行録」に引用されている（二・七―二一）。「ヨエル書」も、全体としては黙示文学的性格の強い預言書である。

## 第二、第三ゼカリヤと「マラキ書」

第二ゼカリヤとは、「ゼカリヤ書」九―一一章を指し、第三ゼカリヤとは、同一二―一四章を指している。それぞれの冒

預言者ゼカリヤ／システィーナ礼拝堂

頭に「託宣」という言葉があり、「マラキ書」の冒頭にも同じ言葉がある。

マラキとは「私の使者」という意味であり、固有名詞ではないと思われる。いずれも黙示文学的性格の強い預言で、実名を伏せたうえで、当時の政治的指導者の批判やエルサレムの祭儀の批判を展開している。外来帝国の支配下、小国の政治も宗教も、独立している時よりもいっそう腐敗・堕落する傾向を持つのは、別に珍しいことではない。

第二ゼカリヤの冒頭にある、ハマト、ティルス、シドン、アシュケロン、ガザ、エクロン、アシュドドなどに対する審判の言葉は、アレクサンドロスの進攻を暗に指しているらしい。大軍を率いて進攻する軍隊に対して、イスラエルを救う王は、「高ぶることなく、ろばに乗ってくる　雌ろばの子であるろばに乗って」と賛美されている（「ゼカリヤ書」九・九）。

この言葉は、イエスがメシアとしてろばに乗ってエルサレムに入城した時、民衆の叫びとして引用されている（「マタイ伝」二一・五）。

「マラキ書」の結びの箇所には、メシアの到来が、「義の太陽」が昇るという黙示文学的表現で預言されている(三・二〇)。その道を備えるのは預言者エリヤであり、彼が「モーセの律法」を民に想起させる。これらの黙示文学的預言が記されたのは、前四世紀末から前三世紀初頭にかけてのことと思われる。

# 二　ダニエルの黙示

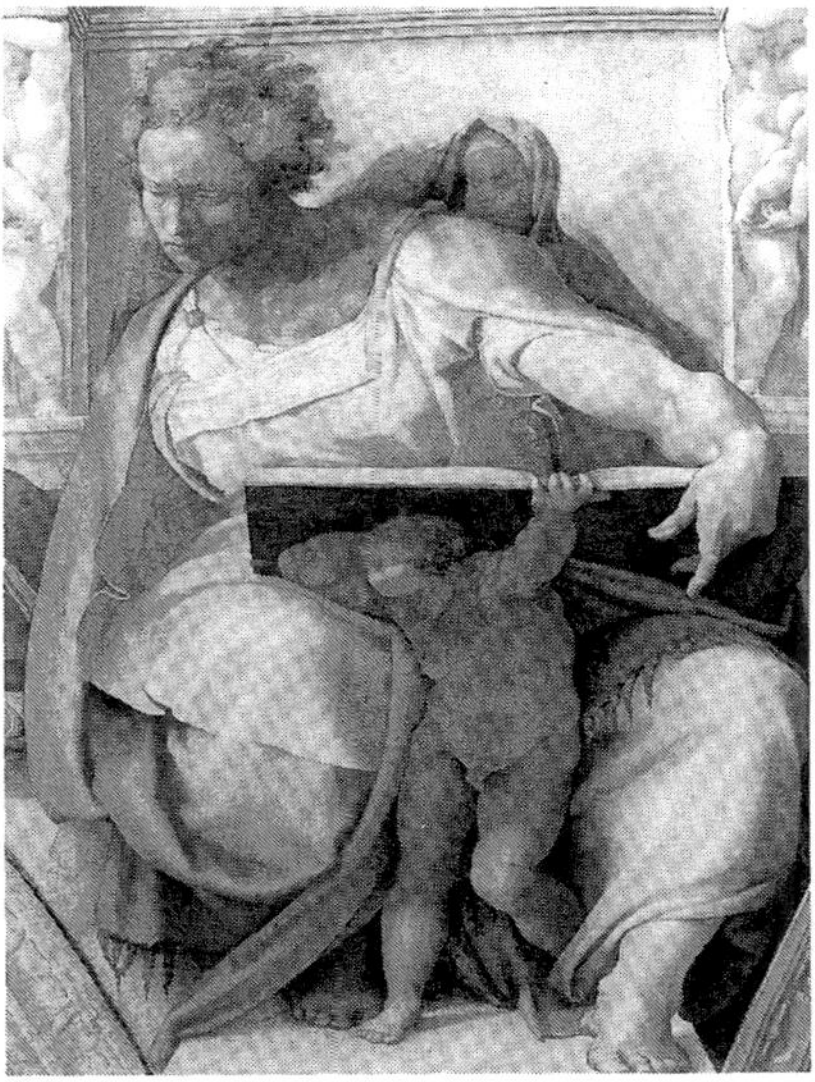
預言者ダニエル／システィーナ礼拝堂

## 「ダニエル書」

『旧約聖書』正典に含まれているバビロン捕囚期以後の歴史記述は、「エズラ記」、「ネヘミヤ記」に見られるが、ペルシア時代の前半までの記述で終わっている。それ以後の歴史については、『旧約聖書』続編の「マカバイ記」によらなければならない。預言書の中で、「ヨエル書」、「第二、第三ゼカリヤ書」（「ゼカリヤ書」九―一一章、一二―一四章）、「マラキ書」などは、著者も年代も不明だが、ヘレニズム時代の初期のものと考えられる。『旧約聖書』正典の第二部である「預言者」は、前二〇〇年頃ほぼ完結して正典としての位置を与えられていた。

　アレクサンドロスの死後、パレスチナの支配権を握ったのはエジプトを中心とするプトレマイオス王朝であった（前三〇一年）。それから約百年後の前一九八年から、シリアを中心とするセレウコス王朝のアンティオコス三世（前二二三―前一八七年）が、パレスチナを支配するようになった。やがて、セレウコス四世（前一八七―前一七五年）を経て、アンティオコス四世（前一七五―前一六四年）が即位すると、彼は強引なギリシア化政策を取り、それに抵抗するユダヤ人に対して激しい弾圧を加えるようになった。

「マカバイ記一」の物語は、アレクサンドロス大王から筆を起こしているが、一章一〇節からアンティオコス四世の時代に移り、ただちに彼を「悪の元凶」として、その宗教弾圧の過程を詳しく述べている（「マカバイ記一」一・一〇以下）。

この迫害に抵抗して立ち上がったのは、モディン在住の祭司マタティアであり、彼の死後に実力による抵抗運動を指揮したのは、三男のユダ＝マカバイだった。この戦争は、彼の名にちなんでマカバイ戦争と呼ばれている。

この戦争の間に書かれたのが「ダニエル書」である。アンティオコスの弾圧は、すでに前一六九年から激しさを増していたが、「ダニエル書」で迫害の起点として数えられているのは、同年の正月（ニサンの月＝太陽暦の三、四月）に、ユダヤ教を禁ずる勅令が出た時点からと考えてよい。

同年のキスレウの月（太陽暦十一、十二月）の十五日に、王はエルサレムの祭壇に「憎むべき荒廃をもたらすもの」（「ダニエル書」九・二七、一一・三一、「マカバイ記一」一・五四、六・七）と呼ばれているゼウスの像を建てさせ、弾圧は決定的な段階に入った。

マカバイ戦争は困難な戦いであったが、東方でシリア帝国に対する反乱が起こり、前一六四年にアンティオコスがパルティアとの戦いに敗れ、その帰途病没したため、同じ年のキスレウの月にゼウス像が排除され、同月の二十五日から八日間、勝利と神殿の浄化を祝うことができた。

## 「ダニエル書」の立場

「ダニエル書」は、神殿の浄化によってマカバイ戦争が一応終結する直前の段階で閉じられている。このこと自体、「ダニエル書」の著者が実力闘争によるマカバイ戦争とその勝利を、本質的には必ずしも高く評価していなかったことを暗示している。

「ダニエル書」一一・三四に、「ダニエル書」のグループが「少しの助け」(口語訳、新共同訳の「助ける者は少なく」は誤まり)を得るとされているが、それはマカバイの反乱を指しており、彼らの戦いは「少しの助け」として評価されているにすぎない。

「ダニエル書」の著者が目標としていたことは、決して政治的にシリア帝国から独立することではなかったのである。深い歴史意識を持つ「ダニエル書」の著者は、世界帝国の支配の始まった時点から、帝国支配がいかに交替して現在に及び、その状況がいかに絶望的なものであるかについて、十分な自覚を持っていた。それにもかかわらず、彼はその状況すらも、神の世界支配のもとに進行していることを確信していた。逆に言えば、その絶望的状況は、神の支配が地上の現実に対して、ある者には審判として、他の者には救済として現れることを示すしるしでしかなかったのである。

神の意志は、多くの人々には深く隠されている。しかし、「モーセの律法」を与えられているユダヤ人にとっては、決して隠されてはいない。選民は神の意志を知っている。それゆえに、絶対に帝国支配の同化政策には迎合しようとしないのである。「モーセの律法」を厳守することは、外から見れば単に民族主義的に偏狭な習慣にすぎないかもしれない。しかし、その本質は決してそうではない。

律法の中に人々は、地上のいかなる権力にも勝る、神の意志を読み取ることができる。巨大な帝国が自分の持つ権力に傲《おご》り、神の権威を認めようとしない時に、地上であらゆるものを奪われている者が、いったい何をすることができるのであろうか。一言で言えば、彼らは環境に対して、儀礼的に自己を遮断し、神の審判の到来を願って、その時がくるまで互いに励まし助け合う以外にない。これが「ダニエル書」の著者の終末の到来を待望する立場である。

### 「ダニエル書」の内容

「ダニエル書」は二部から成っている。前半（一―六章）は、ダニエルについての物語であり、後半（七―一二章）は、ダニエルが見た幻＝黙示である。前半の物語は、すでに前三世紀に敬虔な人々の間で語られていた物語群かもしれないが、後半の幻と内容的に密接につながっているので、両者を分離してしまうことはできない。

一章は、ネブカドレツァルの宮廷で働いていたダニエルと三人の青年が、ユダヤ教団の戒律である食事の律法を守り抜いたという物語である。二章の物語は、ネブカドネツァルの見た幻の意味を、ダニエルが解明したという内容である。この幻の中に、「ダニエル書」の歴史観が示されている。幻に一つのグロテスクな像が出てくるが、その像の頭は金、胸と腕は銀、腹と腿は青銅、そしてすねは鉄、足は一部が鉄で一部が陶土である。そして金はバビロンを、銀はメディアを、青銅はペルシアを、鉄はアレクサンドロスを、足はプトレマイオス王朝とセレウコス王朝を指している。

この像は、人手によらないで切り出された石によってすべて破壊され、神の主権が一つの国民に与えられるという。「石」は超越的なメシアであり、一つの国民は「モーセの律法」を守るユダヤ人である。この主旨は、五章にも七章以下にも繰り返されている。

三章と六章は殉教物語であり、四章は権力に傲《おご》るネブカドネツァルが神の審判を受けるという物語である。これらの物語が、迫害のもとにいる敬虔な人々の信仰を支え、励ます意味を持っていたことは明らかであるが、七章以下のダニエルの幻は、具体的な歴史過程を、黙示文学的表現で覆われた様式をもって解明しているのである。

七章は、「ダニエル書」のクライマックスを構成する場面である。そこでは天上の御座が据えられ、白髪の「日の老いたる者」と呼ばれる神が座し、審判のために巻物が繰り広げられる（「ダニエル書」七・九―一〇）。これは、明らかにエゼキエルの「神の栄光」の描写を継承している。

その法廷に、「人の子」のような者が雲に乗って現れ、神によって地上の支配権を与えられる。それは、超越的権威を与えられた天上のメシアの姿である。今の迫害は三年半で終わり、地上の権威は「いと高き方の聖なる民」に与えられ、その国はとこしえに続く（「ダニエル書」七・一三―二七）。

これが、「ダニエル書」の著者が理解する世界史の過程である。この立場から、多くの事が黙示的手法で隠されながら解明されていく（「ダニエル書」八―一一章）。その中で、当時のユダヤ教内で律法を遵守し、敬虔派と呼ばれた人たちの支持する大祭司オニアスが殺されたことに言及し、彼は受難のメシアとして扱われている（「ダニエル書」九・二六）。

最後の章は、「ダニエル書」にとっては特に重要である。迫害で死んだ人々は、復活して大空の星のように輝く。しかし、迫害に加担した人々は、永久に恥と憎悪の的となる。ダニエルは、終わりの時がくるまで、この書を封じておくように命じられる（「ダニエル書」一二・一―四）。しかし、まだ迫害は終わっていない。ただ、終わりまで自分の道を行き、憩いに入りなさいと勧められているだけである（「ダニエル書」一二・一三）。

# 三　黙示文学から新しい預言へ

ヘレニズム時代の後半、セレウコス王朝がパレスチナを支配するようになった時代、さらにマカバイ家の人々が興したハスモン王朝の時代へロデ大王の治世（前四〇―前七年）に至るまで、ユダヤの敬虔な人たちの歩みは苦難の連続であったと言えるであろう。

## ローマの支配体制の拡充

（前一四二―前三七年）、そして前六三年にはローマの支配がパレスチナに及んだが、そのもとでの

ハスモン王朝という名は、ユダ＝マカバイの曾祖父の名アサモナイオスに由来し、ユダヤ人の独立王朝として、シモンからアンティゴノスまで八代（前一四二―前三七年）続いたが、すでにヨナタンの代から（前一六〇―前一四三年）、ザドクの家系ではないのに大祭司職に就任するなど、敬虔な人々の期待を裏切ることが少なくなかった。

全体として、この時代には大国と小国とを問わず、政治家は権力闘争に明け暮れるだけで、まさに「鉄と陶土」の時代と言われるにふさわしく、力ずくで互いに破壊し合っていたのである。いつの日にか、「石」で表される超越的権威を持つメシアの到来を、敬虔な人々は期待するほかはなか

ったのである。

諸民族・諸国民が互いに争う中で、ローマ帝国は皇帝アウグストゥスのもとで（前二七―後一四年）、地中海世界全般に渡る支配体制を築き上げ、パレスチナはヘロデの死後三つの地域に分割された。そのうちユダヤ地方は、紀元六年からローマ総督直轄の支配下に置かれ、政治的な自立性を失って、宗教的にもサドカイ派、パリサイ派、エッセネ派、熱心党などのグループに分かれて対立していた。

政治的自立性を失った民族が、宗教的にも低迷と混乱を重ねるのはいたし方のないことであったのである。とはいえ、預言者的創唱宗教としての生命力を持つユダヤ教に、新しい宗教的活動を産み出す力がすべて枯渇していたわけではない。

## 死海とガリラヤ

バビロン捕囚期以来、預言の伝統は次第に政治の現場から影をひそめ、黙示的傾向を強めてきたが、「ダニエル書」が示している黙示文学的性格を最も直接的に継承したのは、エッセネ派と考えられる「クムラン宗団」である。

第二次大戦後（一九四七年頃から）、死海のほとりにあるクムランの洞穴から多くの文書が発見され、それらの文書が「死海文書」と呼ばれていることはよく知られている。

その文書では、終末的二元論の世界が切迫した形で展開されており、死海のほとりのクムラン宗団において、「モーセの律法」を守ることによって、神の国の到来に備える人々の姿が知られるようになった。

『新約聖書』に登場するバプテスマのヨハネは、このグループの中から出て、人々に神の審判と終末の近いことを告げ、悔い改めをもとめた。イエスも、ガリラヤのナザレから出て、死海に近いヨルダン川のほとりでヨハネから洗礼を受け、彼の説いた黙示的終末の待望に影響を受けたはずである。

その後、イエスはガリラヤで神の国の到来を告げて宣教活動を開始したが、当時のガリラヤの民衆の困窮の根本原因は、ローマ帝国の支配と搾取だった。しかし、その前段階でいかに多くの政治的・宗教的諸勢力の堕落と横暴が民衆を苦しめていたことだろうか。

エルサレムを支配していたユダヤ教の貴族的祭司階級は、ローマの支持を得て自分たちの特権を維持しようとしていた。パリサイ派はユダヤ人としての選民意識を強く抱いて、律法の遵守に誇りを持っていた。同時に、彼らは律法を守ることができない民衆を軽蔑し、差別していた。

ガリラヤ地方は、もともと地理的状況からも外国人の多い地域であり、諸民族が入り乱れていただけに、表面の国際性と同時に、民族的差別の現実も特に厳しいものがあった。

パプテスマのヨハネが、ガリラヤとペレアの領主であったヘロデ＝アンティパスを批判して逮捕されると、イエスはガリラヤで伝道を開始した（「マルコによる福音書」一・一四―一五）。彼にとってヨハネの逮捕は、まさに終末の開始を告げる出来事であったと思われる。しかし、彼にとって終末の到来は、黙示文学が描くものとは異なっていた。

## 黙示から預言へ

「ダニエル書」でも「死海文書」でも、神の終末的審判の待望とユダヤ人の他民族からの儀礼的遮断とは深く結びついていた。彼らは地上で異邦の帝国の支配に屈することなく律法を守り続ける選民だけが、終末の時に神の祝福を受け、地上の支配権を与えられると信じていたのである。しかし今や、あまりにも多くの人々、あまりにも雑多な民族が、それぞれの固有性と伝統を剝ぎ取られて、無権利のままガリラヤの地に投げ出されていた。

神はもともとユダヤ人だけの神ではない。神はすべての人間を創られた神である。「モーセの律法」を守る者だけが終末の時に祝福され、特権を与えられるのだろうか。決してそうではない。地上におけるあらゆる特権的なもの、それこそが人間の差別の源であるが、そのようなものをすべて投げ捨てて、神が創られたままの人間の姿に立ち返ることによって、人間一人一人が新しく自分自身を再発見し、他者の存在に出会い、その新しい次元において互いの固有性を認め合うことができるのではないだろうか。

イエスが、「時は満ち、神の国は近づいた。悔い改めて福音を信じなさい」と説いた時、その根本的な意味はこのようなものだったと言うことができよう。

ユダヤ教の民族的正統主義の伝統は、その歴史的役割を終えたのである。しかし、古代イスラエルの宗教には、その発端から正統主義の枠の外に、あるいは枠の以前に、より根源的に自由で人間一人一人に自己の存在に目覚めさせ、それを確認させる力が働いていた。それこそが本来預言者的創唱宗教の持つ生命にほかならない。イエスは、新しくこの力に捉えられ、この力に動かされて、神の国の福音を宣教する活動を始めたのである。

これはもはや、特定の伝統の内部に生きている人々の間でだけ理解されるような、黙示文学の形態を取ることを必要としない。黙示文学の伝統の中に、どれほど貴重なものが隠されていたとしても、イエスがガリラヤの民衆に語った「神の国の福音」とは、儀礼的遮断によって選民であることを確認させる律法の遵守を内容とするものではなく、逆に律法の民族主義的な殻を打破し、一人一人に決断を呼びかける神の声によって、人間一人一人が他者との交わりを再発見し、そこに「神の国」としての共同体を形成することであった。

イエスにおいて、黙示はもう一度預言の性格を回復した。ただ、かつての預言者たちと違うのは、批判の直接の対象が民族国家の権力ではなく、ローマという世界帝国のもとにおけるユダヤの宗教的権力に代わったことである。その結果、イエスはユダヤ人の民族的教団の枠組みを破って、諸民族を包括する普遍的共同体の形成に道を開くことになったのである。

ヨハネによる福音書で、イエスが繰り返し自分のことを指して、「わたしはある」と称しているのは（八・二四、二八、五八）、まさにイエスの啓示が、モーセの宗教的伝統を根本から更新する新しい段階を示すしるしであると言ってもよいであろう。

# 『古代イスラエルの預言者たち』の年譜

| 西暦 | 年譜 |
|---|---|
| 前一三二〇頃 | モーセの誕生。 |
| 前一二八〇頃 | 出エジプト。 |
| | シナイ契約。 |
| 前一二三〇頃 | カナンの占領。 |
| 前一一二〇頃 | 女預言者デボラの活動。 |
| | 預言者的士師ギデオンの活動。 |
| 前一〇三〇頃 | 預言者サムエルの活動。 |
| 前一〇二〇頃 | サウル、イスラエルの王となる。 |
| 前一〇〇二頃 | ダビデ、ヘブロンでユダ族の王となる。 |
| 前九九四頃 | ダビテ、エルサレムで全イスラエルの王となる。 |
| 前九四二頃 | ソロモン、イスラエルの王となる。 |
| 前九二二頃 | ソロモンの死後、イスラエルはユダ王国と北イスラエル王国に分裂。 |
| 前八七〇頃～八五〇頃 | 預言者エリヤの活動。 |

| | |
|---|---|
| 前八五〇頃〜七九〇頃 | 預言者エリシャの活動。 |
| 前七五二頃 | 預言者アモスの活動。 |
| 前七五〇頃〜七二〇頃 | 預言者ホセアの活動。 |
| 前七三九〜六九九頃 | 預言者イザヤの活動。 |
| 前七二五頃〜七〇〇頃 | 預言者ミカの活動。 |
| 前六二六〜五八五頃 | 預言者エレミヤの活動。 |
| 前五九二〜五七〇頃 | 預言者エゼキエルの活動。 |
| 前五四〇頃〜五三七頃 | 第二イザヤの活動。 |
| 前五二〇〜五一五 | 預言者ハガイとゼカリヤの活動。 |
| 前三八〇頃 | 「ヨナ書」。 |
| 前三三五頃〜三〇〇頃 | 「ヨエル書」。 |
| | 「第二、第三ゼカリヤ書」（九－一四章）。 |
| 前一六四 | 「ダニエル書」。 |
| 紀元三〇頃 | バプテスマのヨハネの活動。 |

# 参考文献

◆山我哲雄・佐藤研著『旧約聖書時代史』　教文館　一九九七
◆新共同訳『旧約聖書注解Ⅰ』　日本基督教団出版局　一九九六
◆新共同訳『旧約聖書注解Ⅱ』　日本基督教団出版局　一九九四
◆新共同訳『旧約聖書注解Ⅲ』　日本基督教団出版局　一九九三
◆石田・木田・左近・西村・野本著『総説　旧約聖書』　日本基督教団出版局　一九八四
◆木田献一著『旧約聖書の概説』　リトン社　一九九五
◆木田献一著『旧約聖書の預言と黙示』　新教出版社　一九九六
◆木田献一著『イスラエル預言者の職務と文学』　日本基督教団出版局　一九七六
◆M・ヴェーバー著　内田芳明訳『古代ユダヤ教』上・中・下　岩波文庫　一九九六
◆M・ブーバー著『預言者の信仰』Ⅰ・Ⅱ　みすず書房　一九六八
◆A・ネエル著『預言者運動の本質』　創文社　一九七一
◆G・フォン・ラート著『旧約聖書神学』Ⅱ　日本基督教団出版局　一九八二
◆K・コッホ著『預言者』Ⅰ　教文館　一九九〇
◆A・J・ヘッシェル著『イスラエル預言者』上・下　教文館　一九九二

# さくいん

【人名】

**【事項・地名】**

古代《こだい》イスラエルの預言者《よげんしゃ》たち■人と思想153　　定価はカバーに表示

1999年 7 月12日　第 1 刷発行©
2016年 6 月25日　新装版第 1 刷発行©
2023年 2 月25日　新装版第 2 刷発行

・著　者 ……………………………… 木田《きだ》　献一《けんいち》
・発行者 ……………………………… 野村　久一郎
・印刷所 ……………………………… 大日本印刷株式会社
・発行所 ……………………………… 株式会社　清水書院

〒102-0072　東京都千代田区飯田橋3-11-6
Tel・03(5213)7151～7
振替口座・00130-3-5283
http://www.shimizushoin.co.jp

検印省略
落丁本・乱丁本は
おとりかえします。



CenturyBooks

Printed in Japan
ISBN978-4-389-42153-3

CenturyBooks

# 清水書院の〝センチュリーブックス〟発刊のことば

近年の科学技術の発達は、まことに目覚ましいものがあります。月世界への旅行も、近い将来のこととして、夢ではなくなりました。しかし、一方、人間性は疎外され、文化も、商品化されようとしていることも、否定できません。

いま、人間性の回復をはかり、先人の遺した偉大な文化を継承して、高貴な精神の城を守り、明日への創造に資することは、今世紀に生きる私たちの、重大な責務であると信じます。

私たちがここに、「センチュリーブックス」を刊行いたしますのは、人間形成期にある学生・生徒の諸君、職場にある若い世代に精神の糧を提供し、この責任の一端を果したいためであります。

ここに読者諸氏の豊かな人間性を讃えつつご愛読を願います。

一九六七年

清水棟二郎

SHIMIZU SHOIN